Positive Psychologie - Grübeln beenden, innere Ruhe finden und positiv denken: Wie Sie negative Gedanken kontrollieren, Ängste überwinden und Selbstvertrauen stärken, um ein glückliches Leben zu führen

Contents :

1. Einleitung

1.1. Hintergrund und Bedeutung der Positiven Psychologie

2. Negative Gedanken kontrollieren

2.1. Grundlagen der kognitiven Verhaltenstherapie

2.2. Techniken zur Identifizierung und Umkehrung negativer Gedanken

3. Ängste überwinden

3.1. Verschiedene Arten von Ängsten

3.2. Bewährte Strategien zur Bewältigung von Ängsten

4. Selbstvertrauen stärken

4.1. Selbstbewusstsein vs. Selbstvertrauen

4.2. Übungen und Techniken zur Steigerung des Selbstvertrauens

5. Innere Ruhe finden

5.1. Meditation und Achtsamkeit

5.2. Stressmanagement-Techniken

6. Positiv denken

6.1. Die Macht der positiven Gedanken

6.2. Visualisierungstechniken

7. Ein glückliches Leben führen

7.1. Die Rolle von Dankbarkeit und Empathie

7.2. Die Bedeutung von Zielen und Sinn im Leben

8. Schlussfolgerungen und Ausblick

Positive Psychologie - Grübeln beenden, innere Ruhe finden und positiv denken: Wie Sie negative Gedanken kontrollieren, Ängste überwinden und Selbstvertrauen stärken, um ein glückliches Leben zu führen

Dieses Buch ist Ihr umfassender Leitfaden, um die Kraft der positiven Psychologie in Ihrem Leben zu nutzen. Erfahren Sie, wie Sie negative Gedankenmuster durchbrechen, Ihre Ängste besiegen und Ihr Selbstvertrauen stärken können.

In einer Welt, die oft von Stress und Sorgen geprägt ist, bietet dieses Buch wertvolle Werkzeuge und Techniken, um innere Ruhe zu finden und eine positive Lebenseinstellung zu entwickeln. Es richtet sich an alle, die sich nach einem erfüllteren und glücklicheren Leben sehnen.

Inhalte des Buches:

Negative Gedanken kontrollieren: Erfahren Sie, wie Sie sich von negativen Gedanken befreien und eine positive Denkweise entwickeln können.

Ängste überwinden: Lernen Sie effektive Strategien, um Ihre Ängste zu verstehen und zu bewältigen.

Selbstvertrauen stärken: Entdecken Sie Methoden, um Ihr Selbstbewusstsein zu steigern und ein starkes Selbstwertgefühl zu entwickeln.

Innere Ruhe finden: Finden Sie Wege, um Stress abzubauen und innere Gelassenheit zu erlangen.

Positives Denken: Erfahren Sie, wie Sie durch positive Gedanken und Einstellungen Ihr Leben zum Besseren wenden können.

Mit praxisnahen Übungen, inspirierenden Geschichten und wissenschaftlich fundierten Ansätzen gibt Ihnen dieses Buch die Werkzeuge an die Hand, um ein glücklicheres, gesünderes und erfüllteres Leben zu führen.

Positive Psychologie - Grübeln beenden, innere Ruhe finden und positiv denken: Wie Sie negative Gedanken kontrollieren, Ängste überwinden und Selbstvertrauen stärken, um ein glückliches Leben zu führen

1. Einleitung

Die Einleitung informiert die Leser darüber, worum es in der Positiven Psychologie geht und wie dieser Ansatz dazu beitragen kann, ein erfülltes und glückliches Leben zu führen. Sie bietet einen Überblick über die verschiedenen Themen, die im Buch behandelt werden, wie die Kontrolle negativer Gedanken, die Überwindung von Ängsten, die Stärkung des Selbstvertrauens, die Suche nach innerer Ruhe, das positive Denken und die Führung eines glücklichen Lebens.

1.1. Hintergrund und Bedeutung der Positiven Psychologie

In diesem Abschnitt wird der Hintergrund und die Bedeutung der Positiven Psychologie erläutert. Es wird aufgezeigt, wie sich dieser Ansatz von traditionellen psychologischen Modellen unterscheidet und warum er sich auf die Förderung von Wohlbefinden, Stärken und positiven Emotionen konzentriert. Der Leser lernt, wie die Positive Psychologie dazu beitragen kann, negative Denkmuster zu überwinden, Ängste zu bewältigen, das Selbstvertrauen zu stärken und ein erfülltes Leben zu führen.

2. Negative Gedanken kontrollieren

Um negative Gedanken zu kontrollieren, ist es wichtig, die Grundlagen der kognitiven Verhaltenstherapie zu verstehen. Diese Therapieform konzentriert sich darauf, wie Gedanken, Gefühle und Verhaltensweisen miteinander verbunden sind, und wie man durch gezielte Veränderung der Gedanken negative Muster umkehren kann. Durch die Anwendung spezifischer Techniken zur Identifizierung und Umkehrung negativer Gedanken kann man lernen, automatische negative Denkmuster zu erkennen und diese durch positive alternative Gedanken zu ersetzen, um so ein besseres mentales Wohlbefinden zu erlangen.

2.1. Grundlagen der kognitiven Verhaltenstherapie

Die Grundlagen der kognitiven Verhaltenstherapie beinhalten das Verständnis, dass Gedanken, Gefühle und Verhaltensweisen zusammenhängen und sich gegenseitig beeinflussen. Durch die Identifikation und die Analyse negativer Denkmuster kann man lernen, wie man diese in positive Gedanken umwandeln kann. Diese Therapieform zielt darauf ab, negative Denkmuster zu erkennen und zu verändern, um somit das psychische Wohlbefinden zu verbessern und negative Gedanken zu kontrollieren.

2.2. Techniken zur Identifizierung und Umkehrung negativer Gedanken

Es gibt verschiedene Techniken, um negative Gedanken zu identifizieren und umzukehren. Eine beliebte Methode ist die kognitive Umstrukturierung, bei der man automatische negative Gedanken erkennt und bewusst positive alternative Gedanken entwickelt. Eine weitere Technik ist die Nutzung von Affirmationen, um positive Gedanken zu stärken und negative Gedanken zu überwinden. Durch regelmäßige Anwendung solcher Techniken kann man lernen, negative Gedanken zu kontrollieren und ein positiveres Denkmuster zu entwickeln.

3. Ängste überwinden

Ängste können sich in verschiedenen Formen manifestieren, wie zum Beispiel soziale Ängste, Phobien, Panikattacken oder generalisierte Angststörungen. Es ist wichtig, diese unterschiedlichen Arten von Ängsten zu identifizieren und zu verstehen, um geeignete Bewältigungsstrategien entwickeln zu können.

3.1. Verschiedene Arten von Ängsten

Verschiedene Arten von Ängsten umfassen soziale Ängste, die vor allem in sozialen Situationen auftreten, Phobien, die durch bestimmte Objekte oder Situationen ausgelöst werden, Panikattacken, die plötzlich auftreten und generalisierte Angststörungen, die anhaltende Sorgen und Ängste verursachen. Jede Art erfordert spezifische Herangehensweisen zur Überwindung und Bewältigung.

3.2. Bewährte Strategien zur Bewältigung von Ängsten

Bewährte Strategien zur Bewältigung von Ängsten umfassen kognitive Verhaltenstherapie, Achtsamkeitsübungen, Entspannungstechniken und das Umstrukturieren von negativen Gedanken. Es ist wichtig, individuell angepasste Strategien zu finden, die für die jeweilige Art von Angst am effektivsten sind und die langfristige Bewältigung unterstützen.

4. Selbstvertrauen stärken

Selbstvertrauen ist ein wichtiger Bestandteil des emotionalen Wohlbefindens und der persönlichen Entwicklung. Es ermöglicht uns, uns selbst und unsere Fähigkeiten zu vertrauen und Herausforderungen zu bewältigen. Indem wir unser Selbstvertrauen stärken, können wir ein bewussteres und erfüllteres Leben führen. In diesem Abschnitt werden verschiedene Techniken und Übungen vorgestellt, die dabei helfen, das Selbstvertrauen zu steigern und das eigene Potenzial zu entfalten.

4.1. Selbstbewusstsein vs. Selbstvertrauen

Selbstbewusstsein und Selbstvertrauen werden häufig miteinander verwechselt, sind aber zwei verschiedene Konzepte. Während Selbstbewusstsein die Wahrnehmung und das Vertrauen in die eigene Persönlichkeit und Selbstwirksamkeit ist, bezieht sich Selbstvertrauen auf das Vertrauen in die eigenen Fähigkeiten und Entscheidungen. In diesem Abschnitt werden die Unterschiede zwischen den beiden Konzepten erläutert, um ein besseres Verständnis für ihre Bedeutung und ihren Einfluss zu gewinnen.

4.2. Übungen und Techniken zur Steigerung des Selbstvertrauens

Es gibt verschiedene bewährte Übungen und Techniken, die dabei helfen, das Selbstvertrauen zu stärken. Dazu gehören zum Beispiel das Führen eines Erfolgstagebuchs, das Festlegen und Erreichen von realistischen Zielen, die positive Selbstgespräche und das Visualisieren von Erfolgsszenarien. In diesem Abschnitt werden diese und weitere praktische Ansätze vorgestellt, die es ermöglichen, das Selbstvertrauen gezielt zu steigern und ein positiveres Selbstbild zu entwickeln.

5. Innere Ruhe finden

Innere Ruhe zu finden ist ein wichtiger Bestandteil der positiven Psychologie. Durch Meditation und Achtsamkeit können Sie lernen, im gegenwärtigen Moment zu leben und die Gedanken zur Ruhe zu bringen. Meditation hilft, den Geist zu beruhigen und positive Emotionen zu verstärken, während Achtsamkeit Ihnen hilft, sich auf den Moment zu konzentrieren und Stress zu reduzieren. Diese Techniken sind äußerst wirksam, um innere Ruhe zu finden und ein ausgeglichenes Leben zu führen.

5.1. Meditation und Achtsamkeit

Meditation und Achtsamkeit sind Schlüsselelemente, um innere Ruhe zu finden. Durch regelmäßige Meditation können Sie lernen, Ihren Geist zu beruhigen, Stress zu reduzieren und Ihr Wohlbefinden zu steigern. Achtsamkeit wiederum hilft Ihnen, im gegenwärtigen Moment präsent zu sein, indem Sie sich auf Ihre Gedanken, Emotionen und Umgebung konzentrieren. Diese Praktiken können dazu beitragen, negative Gedanken zu reduzieren und eine positive Einstellung zu kultivieren.

5.2. Stressmanagement-Techniken

Stressmanagement-Techniken sind entscheidend, um innere Ruhe zu finden und negativen Gedanken entgegenzuwirken. Dazu gehören Atemtechniken, Entspannungsübungen und die bewusste Planung von Pausen im Alltag. Darüber hinaus ist es wichtig, Stressauslöser zu identifizieren und daran zu arbeiten, diese zu reduzieren. Durch die Anwendung dieser Techniken können Sie Ihr Stressniveau senken und Ihre innere Ruhe stärken, was sich positiv auf Ihre psychische Gesundheit auswirkt.

6. Positiv denken

Positives Denken hat eine starke Wirkung auf unsere Emotionen und unser Verhalten. Wenn wir positiv denken, neigen wir dazu, resilienter zu sein und besser mit Herausforderungen umgehen zu können. Es hilft uns auch, die Welt um uns herum in einem anderen Licht zu sehen und optimistischer zu sein. Durch das bewusste Lenken unserer Gedanken können wir lernen, das Positive in jeder Situation zu erkennen und darauf zu fokussieren.

6.1. Die Macht der positiven Gedanken

Die Macht der positiven Gedanken liegt in ihrer Fähigkeit, unser Denken und Handeln zu beeinflussen. Indem wir uns auf positive Gedanken konzentrieren, können wir unsere Stimmung verbessern, Stress reduzieren und unser allgemeines Wohlbefinden steigern. Positive Gedanken können auch dazu beitragen, unsere Wahrnehmung der Realität zu verändern und uns dabei helfen, Lösungen und Chancen zu erkennen, anstatt uns nur auf Probleme zu konzentrieren.

6.2. Visualisierungstechniken

Visualisierungstechniken sind eine kraftvolle Methode, um positive Veränderungen in unserem Leben herbeizuführen. Indem wir uns bewusst vorstellen, wie wir unsere Ziele erreichen und uns in positiven Situationen sehen, können wir unser Unterbewusstsein darauf programmieren, diese Ziele zu verfolgen und die nötigen Schritte zu unternehmen, um sie zu erreichen. Visualisierung hilft auch dabei, emotionale Blockaden zu lösen und das Selbstvertrauen zu stärken, indem wir uns selbst als erfolgreich und glücklich erleben.

7. Ein glückliches Leben führen

Ein glückliches Leben führen bedeutet, sich bewusst zu sein, wie Dankbarkeit und Empathie unsere Lebensqualität verbessern können. Durch das regelmäßige Üben von Dankbarkeit können wir unseren Fokus auf die positiven Aspekte des Lebens lenken und dadurch unsere Zufriedenheit steigern. Empathie ermöglicht es uns, besser mit anderen in Beziehung zu treten und unterstützt uns dabei, ein tieferes Verständnis für die Bedürfnisse und Gefühle anderer zu entwickeln. Diese kraftvollen Werkzeuge können uns helfen, positive Beziehungen aufzubauen und ein erfülltes und glückliches Leben zu führen.

7.1. Die Rolle von Dankbarkeit und Empathie

Dankbarkeit und Empathie spielen eine entscheidende Rolle dabei, ein glückliches Leben zu führen. Durch das regelmäßige Praktizieren von Dankbarkeit können wir uns auf die positiven Aspekte unseres Lebens konzentrieren, was zu einer gesteigerten Zufriedenheit und Lebensfreude führt. Empathie ermöglicht es uns, uns mit anderen zu verbinden und ein tieferes Verständnis für ihre Bedürfnisse und Emotionen zu entwickeln. Indem wir diese Fähigkeiten kultivieren, können wir unsere zwischenmenschlichen Beziehungen verbessern und ein erfülltes und glückliches Leben führen.

7.2. Die Bedeutung von Zielen und Sinn im Leben

Ziele und Sinnhaftigkeit spielen eine wesentliche Rolle dabei, ein glückliches Leben zu führen. Indem wir uns klare Ziele setzen und kontinuierlich daran arbeiten, können wir ein Gefühl von Richtung und Zweck in unserem Leben entwickeln. Dies kann uns dabei helfen, Hindernisse zu überwinden und Motivation aufrechtzuerhalten. Zugleich kann die Suche nach Sinn und Bedeutung in unserem Leben uns dabei unterstützen, ein erfülltes und glückliches Dasein zu leben. Indem wir uns mit unseren Werten und Überzeugungen auseinandersetzen, können wir eine tiefere Bedeutung in unserem Handeln finden und ein erfülltes Leben führen.

8. Schlussfolgerungen und Ausblick

Nachdem wir die verschiedenen Aspekte der Positiven Psychologie untersucht haben, können wir festhalten, dass es möglich ist, negative Gedanken zu kontrollieren, Ängste zu überwinden, das Selbstvertrauen zu stärken, innere Ruhe zu finden und positiv zu denken, um letztendlich ein glücklicheres Leben zu führen. Durch die Anwendung von Techniken der kognitiven Verhaltenstherapie, bewährten Strategien zur Bewältigung von Ängsten, Übungen zur Steigerung des Selbstvertrauens, Stressmanagement-Techniken, Visualisierungstechniken und der Praxis von Dankbarkeit und Empathie können wir positive Veränderungen in unserem Leben herbeiführen. Der Ausblick zeigt, dass die positive Psychologie weiterhin eine wichtige Rolle spielen wird, um Menschen dabei zu helfen, ihre Lebensqualität zu verbessern und ein erfülltes Leben zu führen.

Die Förderung von Gelassenheit durch Positive Psychologie: Strategien zur Überwindung von Grübeln und Ängsten sowie zur Entwicklung einer positiven Denkweise für innere Ruhe

1. Einleitung

Die Einleitung des Werkes legt den Fokus auf die Förderung von Gelassenheit mithilfe der Positiven Psychologie. Dabei werden verschiedene Strategien zur Überwindung von Grübeln und Ängsten sowie zur Entwicklung einer positiven Denkweise für innere Ruhe betrachtet. Der Zusammenhang zwischen gelassener Lebensführung und psychischer Gesundheit wird eingehend beleuchtet, um eine umfassende Grundlage für das weitere Verständnis und die praktischen Anwendungen der Positiven Psychologie zu schaffen.

1.1. Bedeutung von Gelassenheit in der modernen Gesellschaft

In einer hektischen und stressigen modernen Gesellschaft gewinnt die Bedeutung von Gelassenheit zunehmend an Relevanz. Die Fähigkeit, auch in schwierigen Situationen Ruhe zu bewahren, hat positive Auswirkungen auf das psychische Wohlbefinden und die Lebensqualität. Die Bedeutung dieser Eigenschaft wird anhand von aktuellen gesellschaftlichen Herausforderungen und Belastungen wie steigendem Leistungsdruck und zunehmender Reizüberflutung veranschaulicht. Die Förderung von Gelassenheit durch Positive Psychologie bietet somit einen wertvollen Ansatz zur Bewältigung der Anforderungen des modernen Lebens.

2. Grundlagen der Positiven Psychologie

Die Positive Psychologie ist ein wissenschaftlicher Ansatz, der sich auf die Erforschung und Förderung von Wohlbefinden, Glück und positiven menschlichen Eigenschaften konzentriert. Im Gegensatz zur traditionellen Psychologie, die sich hauptsächlich mit psychischen Störungen und Problemen befasst, zielt die Positive Psychologie darauf ab, positive Emotionen, Charakterstärken und gesunde Verhaltensweisen zu stärken. Durch die Fokussierung auf die Ressourcen und Potenziale der Menschen soll die Positive Psychologie dazu beitragen, ein erfülltes, sinnerfülltes Leben zu ermöglichen und die innere Gelassenheit zu fördern.

2.1. Definition und Ziele der Positiven Psychologie

Die Positive Psychologie befasst sich mit der Erforschung und Förderung von positiven Emotionen, Charakterstärken und gesunden Verhaltensweisen, die zu einem erfüllten und sinnerfüllten Leben führen. Ihre Ziele umfassen die Steigerung von Wohlbefinden und Glück, die Entwicklung von Resilienz und innerer Stärke sowie die Förderung von Gelassenheit. Durch die Anwendung von wissenschaftlich fundierten Strategien und Interventionen soll die Positive Psychologie Menschen dabei unterstützen, negative Denkmuster und Verhaltensweisen zu überwinden und eine positive Denkweise zu entwickeln, um innere Ruhe und Zufriedenheit zu erlangen.

3. Grübeln verstehen und stoppen

Um Grübeln zu stoppen, ist es wichtig, zunächst die Gründe dafür zu verstehen. Oft sind Sorgen und Unsicherheiten Auslöser für das endlose Kreisen der Gedanken. Durch bewusste Selbstreflexion kann man erkennen, welche Themen einen beschäftigen und warum sie so präsent sind. Zudem kann Grübeln zu einer Verstärkung von Ängsten und negativen Emotionen führen, was sich langfristig auf die psychische Gesundheit auswirken kann. Daher ist es entscheidend, Strategien zu entwickeln, um diesem Muster entgegenzuwirken und die Gedanken zu stoppen.

3.1. Ursachen und Auswirkungen von Grübeln

Die Ursachen für Grübeln können vielfältig sein, von unbewussten Konflikten bis hin zu stressigen Lebensumständen. Dieses anhaltende Denken über negative Ereignisse oder Probleme kann zu einer Verschlechterung der Stimmung und zu Schlafstörungen führen. Darüber hinaus kann es auch die Fähigkeit zur Problemlösung beeinträchtigen und zu einer Verstärkung von Ängsten führen. Indem man die Ursachen und Auswirkungen des Grübelns versteht, kann man gezielt an einer Veränderung dieses Verhaltens arbeiten, um zu mehr innerer Ruhe und Gelassenheit zu gelangen.

4. Ängste überwinden durch Positive Psychologie

Die Positive Psychologie bietet verschiedene Strategien zur Überwindung von Ängsten, indem sie sich auf die Stärkung positiver Emotionen und die Förderung von Resilienz konzentriert. Indem man lernt, die eigenen Emotionen zu regulieren und negative Gedankenmuster zu durchbrechen, können Ängste reduziert werden. Durch gezielte Interventionen kann die Positive Psychologie dabei helfen, Ängste zu identifizieren und konstruktiv mit ihnen umzugehen, um so eine gesteigerte Gelassenheit zu erreichen.

4.1. Verschiedene Arten von Ängsten

Ängste können in verschiedene Kategorien eingeteilt werden, wie beispielsweise soziale Ängste, spezifische Phobien, generalisierte Angststörungen und Panikstörungen. Jede Art von Angst bringt spezifische Symptome und Auslöser mit sich, die eine individuelle

Herangehensweise erfordern, um sie zu überwinden. Die Positive Psychologie bietet hier differenzierte Methoden an, um den verschiedenen Arten von Ängsten gezielt entgegenzuwirken und so die innere Ruhe zu stärken.

5. Die Kraft der positiven Denkweise

Die Kraft der positiven Denkweise liegt in der Fähigkeit, unsere Gedanken zu lenken, um eine optimistische und konstruktive Haltung zu entwickeln. Durch positive Denkmuster können wir unsere Einstellung zu Herausforderungen und Schwierigkeiten verändern, was wiederum Einfluss auf unsere emotionale Reaktion und unser Verhalten hat. Indem wir uns auf das Positive konzentrieren und lernen, negative Gedanken umzuprogrammieren, können wir mehr Gelassenheit und innere Ruhe erlangen.

5.1. Positive Psychologie und die Macht der Gedanken

Die Positive Psychologie betrachtet die Macht der Gedanken als ein zentrales Element zur Förderung des Wohlbefindens. Durch die bewusste Lenkung unserer Gedanken können wir negative Denkmuster erkennen und durch positive ersetzen. Dieser Ansatz beinhaltet eine Vielzahl von Methoden und Strategien, die uns helfen, die Kontrolle über unsere Gedanken zu erlangen und eine optimistische Denkweise zu kultivieren. Indem wir die Macht unserer Gedanken verstehen und gezielt einsetzen, können wir unsere innere Ruhe fördern und ein ausgeglicheneres Leben führen.

6. Praktische Übungen zur Förderung von Gelassenheit

In dieser Sektion werden verschiedene praktische Übungen zur Förderung von Gelassenheit vorgestellt. Diese Übungen basieren auf den Prinzipien der Positiven Psychologie und zielen darauf ab, negative Gedanken und Emotionen zu reduzieren, um ein Gefühl der inneren Ruhe zu fördern. Die Übungen umfassen Techniken wie Achtsamkeitsmeditation, Selbstreflexion und Stressbewältigung, die den Teilnehmern helfen, ihre Gedanken zu beruhigen und eine positive Denkweise zu kultivieren, was letztendlich zu mehr Gelassenheit führt.

6.1. Achtsamkeitsübungen

Diese Sektion konzentriert sich speziell auf Achtsamkeitsübungen als wirksame Methode zur Förderung von Gelassenheit. Achtsamkeitspraktiken beinhalten bewusste Atemübungen, Körperwahrnehmung und geistige Fokussierung, um den Geist zu beruhigen und das gegenwärtige Moment zu schätzen. Durch regelmäßige Achtsamkeitsübungen können Teilnehmer lernen, sich weniger von negativen Gedanken und Emotionen überwältigen zu lassen und stattdessen eine ruhige und ausgeglichene innere Haltung zu entwickeln, die zur Gelassenheit beiträgt.

7. Stressmanagement und Gelassenheit

In diesem Abschnitt konzentrieren wir uns auf die Bedeutung von Stressmanagement für die Förderung von Gelassenheit. Wir werden untersuchen, wie Stress unsere innere Ruhe beeinträchtigt und welche Strategien zur Bewältigung von Stress wir anwenden können, um Gelassenheit zu erlangen.

7.1. Stressbewältigungstechniken

Die Stressbewältigungstechniken, die wir in diesem Abschnitt behandeln werden, sind konkrete Methoden, die Menschen dabei helfen, mit den Herausforderungen des Alltags umzugehen und gleichzeitig Gelassenheit zu bewahren. Wir werden verschiedene bewährte Techniken zur Stressbewältigung untersuchen und deren Anwendung im täglichen Leben diskutieren.

8. Förderung von Resilienz und innerer Stärke

Die Förderung von Resilienz und innerer Stärke ist ein wichtiger Bestandteil der positiven Psychologie, da sie die Fähigkeit zur Bewältigung von Schwierigkeiten und Krisen stärkt. Durch gezielte Übungen und Techniken können Menschen lernen, widerstandsfähiger zu werden und sich schneller von Rückschlägen zu erholen. Resilienz trägt maßgeblich zur Entwicklung von Gelassenheit bei, da sie die innere Stärke fördert, die für den Umgang mit stressigen Situationen und Herausforderungen notwendig ist.

8.1. Resilienz als Schlüssel zur Gelassenheit

Resilienz wird als Schlüssel zur Gelassenheit betrachtet, da sie es den Menschen ermöglicht, in stressigen Situationen ruhig und besonnen zu reagieren. Indem man seine Resilienz stärkt, entwickelt man die Fähigkeit, negative Emotionen und Gedanken zu bewältigen, was wiederum zu einem gelasseneren und ausgewogeneren Leben führt. Durch den Einsatz von Resilienzstrategien kann jeder lernen, schwierige Zeiten zu überwinden und eine positive Denkweise zu bewahren.

9. Anwendung der Positiven Psychologie im Alltag

Die Anwendung der Positiven Psychologie im Alltag beinhaltet die bewusste Integration der Prinzipien und Übungen in die täglichen Routinen. Dies kann durch die regelmäßige Anwendung von Achtsamkeitsübungen, positivem Denken und Stressbewältigungstechniken erreicht werden. Es ist wichtig, die Prinzipien der Positiven Psychologie als feste Bestandteile des Alltags zu etablieren, um die Förderung von Gelassenheit und innerer Ruhe langfristig zu unterstützen.

9.1. Integration der Prinzipien in den täglichen Routinen

Die Integration der Prinzipien der Positiven Psychologie in den täglichen Routinen erfordert eine bewusste und kontinuierliche Anwendung. Dies kann durch die Schaffung einer morgendlichen Routine mit positiven Affirmationen, das Üben von Dankbarkeit und das regelmäßige Durchführen von Achtsamkeitsübungen erfolgen. Darüber hinaus können Stressbewältigungstechniken in den Alltag integriert werden, um die Förderung von Gelassenheit und innerer Stärke zu unterstützen.

10. Schlussfolgerungen und Ausblick

In diesem Abschnitt werden die wichtigsten Ergebnisse der vorliegenden Arbeit zusammengefasst und ein Ausblick auf mögliche zukünftige Entwicklungen gegeben. Die Förderung von Gelassenheit durch Positive Psychologie wurde als wirksamer Ansatz zur Bewältigung von Grübeln und Ängsten sowie zur Entwicklung einer positiven Denkweise für innere Ruhe identifiziert. Es wird betont, wie wichtig die Integration der Prinzipien der Positiven Psychologie in den täglichen Routinen ist, um langfristige Veränderungen im Denken und Verhalten zu erzielen. Des Weiteren werden potenzielle Forschungsbereiche und Anwendungsmöglichkeiten für die Zukunft aufgezeigt, um die positiven Effekte der Positiven Psychologie auf die Förderung von Gelassenheit weiter zu untersuchen und zu erweitern.

Die Anwendung der Positiven Psychologie zur Bewältigung negativer Gedanken und Stärkung des Selbstbewusstseins

1. Einleitung

Die Einleitung bietet einen Überblick über das Thema "Die Anwendung der Positiven Psychologie zur Bewältigung negativer Gedanken und Stärkung des Selbstbewusstseins", das sich darauf konzentriert, wie die Positiven Psychologie helfen kann, negative Gedanken zu bewältigen und das Selbstbewusstsein zu stärken. Es stellt die Grundlage für die folgenden Kapitel dar und gibt einen Einblick in die verschiedenen Aspekte, die im Laufe des Textes behandelt werden.

1.1. Hintergrund und Bedeutung der Positiven Psychologie

Im Abschnitt "Hintergrund und Bedeutung der Positiven Psychologie" wird die Entstehung und Bedeutung der Positiven Psychologie erläutert. Es wird aufgezeigt, wie diese Zweigrichtung der Psychologie sich von traditionellen Ansätzen unterscheidet und welche Rolle sie bei der Bewältigung negativer Gedanken und der Stärkung des Selbstbewusstseins spielen kann. Darüber hinaus werden die wichtigsten Konzepte und

Prinzipien der Positiven Psychologie vorgestellt, um ein besseres Verständnis für die folgenden Kapitel zu schaffen.

2. Grundlagen der Positiven Psychologie

2.1. Definition und Ziele

3. Umgang mit negativen Gedanken

Die Identifikation negativer Denkmuster ist ein wesentlicher Schritt bei der Bewältigung von negativen Gedanken. Dies umfasst die bewusste Auseinandersetzung mit den eigenen Gedanken und der Erkennung von wiederkehrenden negativen Denkmustern. Es geht darum, die zugrundeliegenden Überzeugungen und Gedanken zu identifizieren, die zu negativen Emotionen führen, um sie gezielt verändern zu können. Es ist wichtig, diese Denkmuster zu hinterfragen und alternative, positive Gedanken zu entwickeln, um das Selbstbewusstsein zu stärken und negative Gedanken zu überwinden.

3.1. Identifikation negativer Denkmuster

4. Positive Interventionen zur Stärkung des Selbstbewusstseins

Positive Interventionen zur Stärkung des Selbstbewusstseins umfassen eine Vielzahl von Methoden und Ansätzen, die darauf abzielen, das Selbstvertrauen und die Selbstachtung zu steigern. Dies kann beispielsweise durch das Erkennen und Stärken individueller Stärken und Fähigkeiten sowie die Förderung eines positiven inneren Dialogs erreicht werden. Darüber hinaus umfasst es auch die Förderung von Optimismus, Selbstakzeptanz und die Entwicklung gesunder Bewältigungsstrategien, um Herausforderungen besser zu meistern. Diese Interventionen können in verschiedenen Bereichen wie Bildung, Arbeitsplatz und persönlicher Entwicklung angewendet werden, um das Selbstbewusstsein zu stärken und ein positiveres Selbstbild zu fördern.

4.1. Selbstmitgefühl und Selbstakzeptanz

Selbstmitgefühl und Selbstakzeptanz sind zentrale Bestandteile der Positiven Psychologie, die darauf abzielen, eine wohlwollende und mitfühlende Haltung sich selbst gegenüber zu entwickeln. Dies beinhaltet das Verständnis und die Akzeptanz eigener Schwächen und Fehler sowie die Förderung von Selbstmitgefühl in schwierigen Situationen. Durch gezielte Übungen und Techniken können Menschen lernen, sich selbst liebevoller zu behandeln und ein gesundes Maß an Selbstakzeptanz zu kultivieren. Selbstmitgefühl und Selbstakzeptanz tragen maßgeblich zur Stärkung des Selbstbewusstseins bei und ermöglichen es, negative Gedanken und Selbstzweifel konstruktiv zu bearbeiten, um eine positive innere Einstellung zu fördern.

5. Stärkung der Resilienz durch Positive Psychologie

Die Stärkung der Resilienz durch Positive Psychologie beinhaltet die Anwendung von Interventionen, die dazu dienen, die Fähigkeit zur Bewältigung von stressigen Situationen und negativen Erfahrungen zu verbessern. Indem man positive Emotionen, Optimismus und Hoffnung kultiviert, kann die Resilienz gestärkt werden. Diese Interventionen können verschiedene Übungen und Techniken beinhalten, die darauf abzielen, die psychologische Widerstandsfähigkeit zu fördern und die Auswirkungen von Belastungen zu minimieren. Zusätzlich zielt die Stärkung der Resilienz darauf ab, die Fähigkeit zur Anpassung und zum Wachstum in schwierigen Situationen zu unterstützen.

5.1. Resilienz und ihre Bedeutung

Resilienz bezieht sich auf die Fähigkeit, schwierige Lebenssituationen zu bewältigen und gestärkt daraus hervorzugehen. In der Positiven Psychologie spielt die Resilienz eine zentrale Rolle, da sie dabei hilft, negative Ereignisse nicht als unüberwindbare Hindernisse zu betrachten, sondern als Chancen zur persönlichen Entwicklung und Wachstum. Menschen, die über hohe Resilienz verfügen, können widerstandsfähiger gegenüber Stress und Rückschlägen sein, da sie über die Fähigkeit verfügen, sich an Veränderungen anzupassen und aus negativen Erfahrungen zu lernen. Durch die Stärkung der Resilienz kann somit das psychische Wohlbefinden verbessert und das Selbstbewusstsein gestärkt werden.

6. Praktische Anwendungen im Alltag

Im Alltag können praktische Anwendungen der Positiven Psychologie helfen, negative Gedanken zu bewältigen und das Selbstbewusstsein zu stärken. Dazu gehören tägliche Übungen wie das Führen eines Dankbarkeitstagebuchs, bei dem positive Erlebnisse festgehalten werden, um die Achtsamkeit für das Gute im Leben zu fördern. Darüber hinaus können kleine Ziele gesetzt und erreicht werden, um das Gefühl von Erfolg und Selbstwirksamkeit zu steigern. Das bewusste Lenken der Aufmerksamkeit auf positive Aspekte im Alltag kann ebenfalls dazu beitragen, negative Gedanken zu reduzieren und das Selbstbewusstsein zu stärken.

6.1. Achtsamkeitsübungen

Achtsamkeitsübungen sind ein zentraler Bestandteil der Praktiken der Positiven Psychologie im Alltag. Sie dienen dazu, die Aufmerksamkeit bewusst auf den gegenwärtigen Moment zu lenken und die Gedanken auf positive Aspekte zu fokussieren. Dazu können Atemübungen, Körperwahrnehmung und Meditation gehören, die helfen, innere Ruhe und Gelassenheit zu finden. Durch regelmäßiges Üben von Achtsamkeit kann die emotionale Regulation verbessert und das Selbstbewusstsein gestärkt werden, da negative Gedanken besser bewältigt werden können. Diese Übungen können auch Stress reduzieren und das allgemeine Wohlbefinden steigern.

7. Forschungsergebnisse und Studien zur Positiven Psychologie

In diesem Abschnitt werden verschiedene Forschungsergebnisse und Studien zur Positiven Psychologie vorgestellt, die den Nutzen und die Wirksamkeit positiver Interventionen bei der Bewältigung negativer Gedanken und der Stärkung des Selbstbewusstseins belegen. Die Ergebnisse liefern wertvolle Einblicke in die Effektivität positiver psychologischer Ansätze und tragen zur wissenschaftlichen Fundierung der Positiven Psychologie bei. Es werden empirische Daten und Beispiele präsentiert, die sowohl einzelne Interventionen als auch langfristige Anwendungen untersuchen und ihre Auswirkungen auf das psychische Wohlbefinden sowie die persönliche Entwicklung untersuchen.

7.1. Evidenzbasierte Ansätze

In diesem Teil werden evidenzbasierte Ansätze der Positiven Psychologie vorgestellt, die auf soliden wissenschaftlichen Erkenntnissen und empirischen Daten basieren. Es werden spezifische Interventionen und Methoden diskutiert, die sich als wirksam bei der Bewältigung negativer Gedanken und der Stärkung des Selbstbewusstseins erwiesen haben. Die vorgestellten Ansätze beruhen auf fundierten Studien und Forschungsergebnissen, die ihre Effektivität und Relevanz in unterschiedlichen Kontexten belegen. Dieser Abschnitt liefert konkrete Einblicke in die praktische Anwendung evidenzbasierter positiver Psychologie und ihre Bedeutung für die Förderung des psychischen Wohlbefindens.

8. Zukünftige Entwicklungen und Trends in der Positiven Psychologie

Die Zukunft der Positiven Psychologie sieht eine verstärkte Integration in Bereiche wie Bildung, Arbeitsplatz und Gesundheitswesen vor. Es wird erwartet, dass sich positive Psychologie weiterhin als eigenständiger Bereich etabliert und nicht nur als Teil der klinischen Psychologie betrachtet wird. Zukünftige Entwicklungen könnten auch eine verstärkte Zusammenarbeit mit anderen Disziplinen wie Neurowissenschaften und Soziologie beinhalten, um ein umfassenderes Verständnis des menschlichen Wohlbefindens zu erreichen.

8.1. Technologische Innovationen

Technologische Innovationen haben das Potenzial, die Positive Psychologie auf neue Weise zugänglich zu machen. Apps, Online-Plattformen und virtuelle Realität können genutzt werden, um positive Interventionen, Achtsamkeitsübungen und Selbstreflexion zu fördern. Beispielsweise können Smartwatches und Fitnesstracker zur Förderung von Achtsamkeitsübungen und zur Aufzeichnung des Fortschritts bei der Stärkung des

Selbstbewusstseins eingesetzt werden. Die Nutzung von Technologie in der Positiven Psychologie könnte auch dazu beitragen, eine größere Anzahl von Menschen zu erreichen und ihre psychische Gesundheit zu verbessern.

9. Fazit und Zusammenfassung

Insgesamt zeigt sich, dass die Anwendung der Positiven Psychologie einen positiven Einfluss auf die Bewältigung negativer Gedanken und die Stärkung des Selbstbewusstseins haben kann. Durch die Identifikation negativer Denkmuster und die Anwendung von Interventionen wie Selbstmitgefühl und Selbstakzeptanz können Menschen lernen, ihre negativen Gedanken zu kontrollieren. Darüber hinaus spielen auch achtsamkeitsbasierte Übungen eine wichtige Rolle, um im Alltag resilienter zu werden. Die Evidenz für die Wirksamkeit der Positiven Psychologie wird durch zahlreiche Studien und Forschungsergebnisse gestützt, die darauf hinweisen, dass die positiven Ansätze tatsächlich zu einer Steigerung des Wohlbefindens und der psychischen Gesundheit führen. Es bleibt abzuwarten, wie sich die Positiven Psychologie in Zukunft weiterentwickeln wird, insbesondere im Hinblick auf technologische Innovationen, die neue Möglichkeiten für die Anwendung und Verbreitung der Konzepte bieten könnten.

Stressfrei leben durch Positive Psychologie: Negative Gedanken bekämpfen, Gelassenheit fördern und ein erfülltes Leben führen

1. Einleitung zur Positiven Psychologie

Die Einleitung zur Positiven Psychologie gibt einen Überblick über die Grundlagen und Konzepte dieses Ansatzes, der sich darauf konzentriert, die Stärken und Ressourcen von Menschen zu fördern. Es wird erläutert, wie die Positive Psychologie entwickelt wurde, um das Wohlbefinden und die Lebenszufriedenheit zu verbessern, und wie sie in verschiedenen Anwendungsgebieten wie der klinischen Psychologie, Bildung und Arbeitsplatz angewendet werden kann.

1.1. Grundlagen und Konzepte

In diesem Abschnitt werden die grundlegenden Prinzipien und Konzepte der Positiven Psychologie eingeführt, darunter die Stärkenorientierung, Resilienz und

Selbstwirksamkeit. Es wird erläutert, wie diese Konzepte dazu beitragen können, negative Gedanken zu bekämpfen und Gelassenheit zu fördern, was wiederum zu einem erfüllten Leben führen kann.

1.2. Geschichte und Entwicklung

Die Geschichte und Entwicklung der Positiven Psychologie werden genau beschrieben, einschließlich der Hauptfiguren und Meilensteine, die zur Entstehung dieses Forschungsfelds beigetragen haben. Es wird auch aufgezeigt, wie sich die Positive Psychologie im Laufe der Zeit entwickelt hat und wie sie heute in verschiedenen Bereichen angewendet wird, um das Wohlbefinden zu fördern.

1.3. Anwendungsgebiete und Nutzen

Dieser Abschnitt beleuchtet die verschiedenen Anwendungsgebiete der Positiven Psychologie, von der klinischen Praxis über die Bildung bis hin zum Arbeitsplatz. Es wird aufgezeigt, wie die Prinzipien und Techniken der Positiven Psychologie genutzt werden können, um negative Gedanken zu bekämpfen, Gelassenheit zu fördern und ein erfülltes Leben zu führen, und welchen Nutzen sie für Einzelpersonen und Organisationen haben.

2. Stress und negative Gedanken verstehen

In diesem Abschnitt wird der Zusammenhang zwischen Stress und negativen Gedanken unter die Lupe genommen. Es wird erläutert, wie Stress und negative Gedanken miteinander verbunden sind und wie sie das allgemeine Wohlbefinden beeinflussen. Zudem werden die Grundlagen der positiven Psychologie als Lösungsansatz eingeführt, um ein besseres Verständnis für die Bewältigung von Stress und den Umgang mit negativen Gedanken zu schaffen.

2.1. Definitionen und Konzepte

Dieser Abschnitt befasst sich mit den präzisen Definitionen und Konzepten von Stress und negativen Gedanken. Es werden die unterschiedlichen Arten von Stress sowie die verschiedenen Formen negativer Gedanken eingehend erläutert, um ein klares Verständnis davon zu vermitteln, was Stress und negative Gedanken eigentlich bedeuten und wie sie sich manifestieren können.

2.2. Ursachen von Stress und negativen Gedanken

Hier werden die vielfältigen Ursachen von Stress und negativen Gedanken beleuchtet. Es wird aufgezeigt, wie externe und interne Faktoren wie Arbeitsbelastung, zwischenmenschliche Konflikte, Perfektionismus und negative Selbstgespräche Stress und negative Gedanken auslösen und verstärken können. Zudem wird auf die individuelle Wahrnehmung und Verarbeitung dieser Ursachen eingegangen.

2.3. Auswirkungen auf das Wohlbefinden

In diesem Abschnitt werden die direkten und indirekten Auswirkungen von Stress und negativen Gedanken auf das allgemeine Wohlbefinden diskutiert. Es wird erläutert, wie chronischer Stress und anhaltend negative Gedanken das körperliche, emotionale und mentale Wohlbefinden beeinträchtigen können. Zudem werden mögliche Langzeitfolgen und Risiken für die Gesundheit aufgezeigt.

3. Positive Psychologie als Lösungsansatz

Die Positive Psychologie ist ein Ansatz, der sich darauf konzentriert, das Wohlbefinden zu fördern, anstatt sich ausschließlich mit psychischen Störungen zu befassen. Ihr Ziel ist es, positive Emotionen zu kultivieren, individuelle Stärken zu identifizieren und das allgemeine Lebensglück zu steigern. Die Positive Psychologie kann helfen, negative Gedanken zu bekämpfen, indem sie das Augenmerk auf positive Aspekte des Lebens sowie auf persönliche Ressourcen und Fähigkeiten lenkt.

3.1. Definition und Ziele

In der Positive Psychologie geht es darum, positive Emotionen zu fördern, individuelle Stärken zu erkennen und zu nutzen, sowie das allgemeine Wohlbefinden zu steigern. Die Ziele umfassen die Förderung von Optimismus, Dankbarkeit, Hoffnung und Selbstvertrauen. Diese Ansätze sollen dazu beitragen, negative Gedanken zu mindern und ein erfüllteres Leben zu führen.

3.2. Stärkenorientierter Ansatz

Der stärkenorientierte Ansatz der Positiven Psychologie konzentriert sich auf die Identifizierung und Entwicklung individueller Stärken. Anstatt sich auf Defizite zu konzentrieren, werden die Schwerpunkte auf positive Eigenschaften und Fähigkeiten gelegt. Dieser Ansatz hilft dabei, das Selbstbewusstsein und die Selbstwirksamkeit zu stärken und kann dabei helfen, negative Gedanken zu bekämpfen.

3.3. Resilienz und Selbstwirksamkeit

Resilienz bezieht sich auf die Fähigkeit, mit belastenden Situationen umzugehen und gestärkt daraus hervorzugehen. Selbstwirksamkeit hingegen beschreibt das Vertrauen in die eigenen Fähigkeiten, Herausforderungen zu bewältigen. Beide Konzepte spielen eine wichtige Rolle bei der Bewältigung von Stress und negativen Gedanken. Durch die Stärkung von Resilienz und Selbstwirksamkeit können Menschen lernen, mit Stresssituationen konstruktiv umzugehen und negative Gedanken zu überwinden.

4. Techniken zur Bekämpfung negativer Gedanken

Es gibt verschiedene Techniken, um negativen Gedanken entgegenzuwirken und sie zu bekämpfen. Diese Techniken können dabei helfen, die Denkmuster zu verändern und zu einer positiveren Sichtweise zu gelangen. Dazu gehören kognitive Umstrukturierung, Achtsamkeit, Meditation und positive Affirmationen. Durch die Anwendung dieser Techniken können negative Gedanken reduziert und schließlich überwunden werden, was zu einer verbesserten mentalen Gesundheit führt.

4.1. Kognitive Umstrukturierung

Kognitive Umstrukturierung ist eine Technik, die darauf abzielt, negative Gedanken und Überzeugungen zu identifizieren und sie in positive umzuwandeln. Dies geschieht durch die bewusste Umgestaltung der Denkmuster, um eine optimistischere und realistischere Sichtweise zu erreichen. Indem man die Automatismen des negativen Denkens stoppt und neue, konstruktive Gedanken etabliert, kann die kognitive Umstrukturierung dazu beitragen, negative Gedanken zu bekämpfen und das Wohlbefinden zu verbessern.

4.2. Achtsamkeit und Meditation

Achtsamkeit und Meditation sind Praktiken, die helfen können, negative Gedanken zu reduzieren, Stress abzubauen und das allgemeine Wohlbefinden zu fördern. Durch die bewusste Ausrichtung auf den gegenwärtigen Moment und das Erlernen von Meditationstechniken kann eine Person lernen, ihre Gedanken zu beruhigen und negative Denkmuster zu durchbrechen. Die regelmäßige Praxis von Achtsamkeit und Meditation kann zu einer gesteigerten Gelassenheit und einem positiveren Lebensgefühl führen.

4.3. Positive Affirmationen

Positive Affirmationen sind kurze, positive Aussagen, die regelmäßig wiederholt werden, um negative Gedankenmuster zu durchbrechen und das Selbstbewusstsein zu stärken. Durch die bewusste Wiederholung positiver Sätze kann das Unterbewusstsein auf positive Weise beeinflusst werden, was zu einer Veränderung der Denkmuster und einer Steigerung des Selbstwertgefühls führen kann. Die Anwendung von positiven Affirmationen kann dazu beitragen, negative Gedanken zu bekämpfen und ein erfüllteres Leben zu führen.

5. Gelassenheit und Entspannung fördern

In diesem Abschnitt werden verschiedene Techniken zur Förderung von Gelassenheit und Entspannung behandelt. Dazu gehören Methoden zur Stressbewältigung sowie Entspannungsübungen und -methoden, die helfen können, negative Gedanken zu bekämpfen und das Wohlbefinden zu steigern. Die Förderung von Gelassenheit ist ein wichtiger Aspekt der Positiven Psychologie und kann dazu beitragen, ein erfüllteres Leben zu führen.

5.1. Stressbewältigungstechniken

Unter Stressbewältigungstechniken fallen verschiedene Strategien und Methoden, die dabei helfen, mit Stress und belastenden Situationen umzugehen. Dazu können beispielsweise Zeitmanagement, Problemlösefähigkeiten und Entspannungstechniken gehören. Diese Techniken zielen darauf ab, negative Gedanken zu bekämpfen und die Fähigkeit zur Stressbewältigung zu stärken.

5.2. Entspannungsübungen und -methoden

Entspannungsübungen und -methoden spielen eine wichtige Rolle bei der Förderung des Wohlbefindens und der Gelassenheit. Dazu gehören beispielsweise Atemübungen, progressive Muskelentspannung und Yoga. Diese Methoden zielen darauf ab, Stress zu reduzieren und die körperliche und geistige Entspannung zu fördern, um ein ausgeglicheneres Leben zu ermöglichen.

5.3. Selbstfürsorge und Selbstmitgefühl

Selbstfürsorge und Selbstmitgefühl sind wesentliche Bestandteile der Positiven Psychologie und spielen eine wichtige Rolle bei der Förderung des Wohlbefindens. Dieser Abschnitt behandelt verschiedene Methoden und Strategien, die dazu beitragen, Positivität und Selbstakzeptanz zu stärken. Durch Selbstfürsorge und Selbstmitgefühl können negative Gedanken bekämpft und ein liebevollerer Umgang mit sich selbst kultiviert werden.

6. Ein erfülltes Leben führen

Ein erfülltes Leben zu führen bedeutet, sich seiner eigenen Werte, Interessen und Leidenschaften bewusst zu sein und danach zu handeln. Es geht darum, regelmäßig Aktivitäten zu unternehmen, die Freude bereiten und einen Sinn im Leben vermitteln. Dies kann sich in verschiedenen Formen zeigen, wie zum Beispiel durch ehrenamtliche Tätigkeiten, kreative Hobbys oder persönliche Ziele, die verwirklicht werden. Dabei ist es wichtig, sich selbst treu zu bleiben und sich nicht von äußeren Erwartungen und Normen leiten zu lassen.

6.1. Sinn und Zweck im Leben

Sinn und Zweck im Leben zu finden ist essentiell für ein erfülltes Dasein. Dies kann individuell sehr unterschiedlich aussehen und beispielsweise durch die Verwirklichung persönlicher Träume, die Unterstützung anderer Menschen, die Gestaltung von Beziehungen oder das Einbringen in die Gemeinschaft geschehen. Wichtig ist es, sich mit den eigenen Werten und Überzeugungen auseinanderzusetzen, um so Klarheit darüber zu erlangen, was einem im Leben wirklich wichtig ist und wie man einen Beitrag leisten kann.

6.2. Flow-Erleben und Selbstverwirklichung

Das Erleben von Flow-Zuständen, in denen man ganz in einer Tätigkeit aufgeht und Zeit sowie Raum vergisst, ist ein wichtiger Bestandteil der Selbstverwirklichung. Dies kann sowohl im beruflichen als auch im privaten Kontext geschehen, indem man Tätigkeiten nachgeht, die die eigenen Fähigkeiten und Talente herausfordern, aber gleichzeitig Möglichkeiten zur Weiterentwicklung bieten. Die bewusste Gestaltung des eigenen Lebens gemäß den eigenen Bedürfnissen und Werten trägt maßgeblich dazu bei, ein erfülltes Leben zu führen.

6.3. Beziehungen und soziale Unterstützung

Beziehungen zu anderen Menschen und soziale Unterstützung sind entscheidend für das Wohlbefinden und ein erfülltes Leben. Es geht darum, ein Netzwerk von vertrauensvollen Beziehungen zu pflegen, in denen gegenseitige Unterstützung, Respekt und Wertschätzung gegeben sind. Gleichzeitig ist es wichtig, auch selbst Unterstützung zu suchen, wenn nötig, und sich aktiv in soziale Strukturen einzubringen, um Verbundenheit und Gemeinschaft zu erfahren.

7. Praktische Anwendungen im Alltag

Die Positive Psychologie bietet zahlreiche praktische Anwendungen für den Alltag, um Stress zu reduzieren und das Wohlbefinden zu steigern. Durch regelmäßige Anwendung von Techniken wie Achtsamkeit, kognitiver Umstrukturierung und positiven Affirmationen können negative Gedanken bekämpft und positive Emotionen gefördert werden. Der Fokus liegt darauf, konkrete Handlungen und Verhaltensweisen zu etablieren, die langfristig zu mehr Gelassenheit und Zufriedenheit im Alltag führen.

7.1. Tägliche Routinen und Gewohnheiten

Tägliche Routinen und Gewohnheiten spielen eine entscheidende Rolle für das emotionale Wohlbefinden. Durch die Integration von kleinen, positiven Gewohnheiten wie morgendlicher Meditation, regelmäßiger Bewegung oder dem Führen eines Dankbarkeitstagebuchs können Stress reduziert und positive Emotionen verstärkt werden. Diese bewusst gestalteten Routinen können dazu beitragen, ein stabilisiertes emotionales Gleichgewicht im Alltag zu schaffen.

7.2. Kommunikation und Konfliktlösung

Eine positive Kommunikation und effektive Konfliktlösung sind wichtige Bestandteile des stressfreien Lebens. Die Positive Psychologie legt Wert auf konstruktiven Austausch, empathisches Zuhören und die Förderung von gegenseitigem Verständnis. Durch die Anwendung von Techniken wie aktivem Zuhören, Ich-Botschaften und konstruktivem Feedback können zwischenmenschliche Beziehungen gestärkt und Konflikte konstruktiv gelöst werden.

7.3. Work-Life-Balance

Die Work-Life-Balance ist ein zentraler Aspekt für ein ausgeglichenes und erfülltes Leben. In der Positiven Psychologie wird die Bedeutung einer ausgewogenen Balance zwischen beruflichen Verpflichtungen und persönlicher Lebensgestaltung betont. Es werden konkrete Strategien und Techniken aufgezeigt, um die Work-Life-Balance zu verbessern, Prioritäten zu setzen und Stress durch klare Grenzen und effektive Zeitmanagement-Methoden zu reduzieren.

8. Fazit und Ausblick

Die Positive Psychologie bietet einen vielversprechenden Ansatz zur Bekämpfung von negativen Gedanken und zur Förderung von Gelassenheit und Zufriedenheit im Leben. Die vorgestellten Techniken und Konzepte können eine nachhaltige Veränderung im Denken und Handeln bewirken. Es wurde deutlich, dass die Stärkenorientierung, Resilienz und Selbstwirksamkeit wichtige Bausteine für ein erfülltes Leben darstellen. Durch die Anwendung der in diesem Buch präsentierten Methoden kann jeder in seinem Alltag positive Veränderungen vornehmen und stressfreier leben. Der Ausblick zeigt, dass die Positive Psychologie weiterhin an Bedeutung gewinnen wird und dass zukünftige Entwicklungen dazu beitragen können, noch effektivere und praxisnähere Ansätze zu entwickeln.

8.1. Zusammenfassung der wichtigsten Erkenntnisse

In diesem Buch wurden die Grundlagen und Konzepte der Positiven Psychologie erläutert, Stress und negative Gedanken definiert und die Auswirkungen auf das Wohlbefinden betrachtet. Positive Psychologie als Lösungsansatz wurde vorgestellt, und verschiedene Techniken zur Bekämpfung negativer Gedanken sowie zur Förderung von Gelassenheit und Entspannung wurden praxisnah dargestellt. Zudem wurden Wege aufgezeigt, wie man ein erfülltes Leben führen kann und wie die Positive Psychologie im Alltag angewendet werden kann. Diese Zusammenfassung verdeutlicht, dass die Positive Psychologie ein breites Spektrum an Methoden und Ansätzen bietet, um ein stressfreieres und erfüllteres Leben zu führen.

8.2. Weiterführende Literatur und Ressourcen

Für vertiefende Informationen und zur Erweiterung des Wissens im Bereich der Positiven Psychologie gibt es eine Vielzahl von Literatur und Ressourcen. Dazu zählen wissenschaftliche Publikationen, Fachzeitschriften, Bücher und Online-Ressourcen. Ebenso bieten Seminare, Workshops und Weiterbildungen die Möglichkeit, sich intensiver mit den Konzepten und Techniken der Positiven Psychologie auseinanderzusetzen. Zusätzlich können Selbsthilfe- und Therapieangebote genutzt werden, um individuelle Unterstützung zu erhalten.

8.3. Zukünftige Entwicklungen in der Positiven Psychologie

Die Positiven Psychologie ist ein sich stetig weiterentwickelndes Forschungsfeld. Zukünftige Entwicklungen werden dazu beitragen, die Wirksamkeit der Methoden und Ansätze weiter zu evaluieren und zu verbessern. Insbesondere die Anwendung der Positiven Psychologie in unterschiedlichen Lebensbereichen sowie die Integration in Therapie und Beratung werden weiterhin an Bedeutung gewinnen. Ebenso werden neue Erkenntnisse aus verwandten Disziplinen wie Neurowissenschaften und Verhaltensforschung dazu beitragen, die Positiven Psychologie zukünftig noch fundierter zu gestalten und adäquate Lösungsansätze für psychologische und soziale Herausforderungen zu entwickeln.

Negative Gedanken überwinden und Selbstbewusstsein stärken: Positive Psychologie für ein glückliches und gelassenes Leben

1. Einleitung zur positiven Psychologie

Die Einleitung zur positiven Psychologie gibt einen Überblick über das Konzept und die Ziele der positiven Psychologie. Es wird erklärt, dass der Fokus auf Stärken, Ressourcen und positiven Emotionen liegt, um das Wohlbefinden und die Lebenszufriedenheit zu steigern. Zudem werden die grundlegenden Prinzipien und Anwendungsgebiete dieser psychologischen Ausrichtung vorgestellt, um den Lesern einen Einblick in die Thematik zu geben.

1.1. Grundlagen der positiven Psychologie

In diesem Abschnitt werden die grundlegenden Prinzipien und Konzepte der positiven Psychologie erläutert. Dazu gehören die Betrachtung von positiven Emotionen, Stärken und Tugenden, sowie die Bedeutung von Resilienz und Lebenssinn. Des Weiteren wird aufgezeigt, wie sich die positive Psychologie von herkömmlichen psychologischen Ansätzen unterscheidet und welche Methoden und Techniken zur Anwendung kommen, um ein glückliches und gelassenes Leben zu fördern.

2. Die Macht der Gedanken

Unsere Gedanken haben eine enorme Kraft, um unsere Stimmung und unser Selbstwertgefühl zu beeinflussen. Sie können uns sowohl positiv als auch negativ beeinflussen. Es ist wichtig, sich dieser Macht bewusst zu werden, um negative Gedanken identifizieren und bewerten zu können.

2.1. Negative Gedanken erkennen und verstehen

Negative Gedanken zu erkennen und zu verstehen ist ein wichtiger Schritt, um sie zu überwinden und das Selbstbewusstsein zu stärken. Dies erfordert die Fähigkeit, die zugrunde liegenden Muster und Ursachen von negativen Gedanken zu identifizieren. Durch Selbstreflexion und Achtsamkeit können wir die Auslöser für unsere negativen Gedanken besser verstehen.

2.2. Umgang mit negativen Gedanken

Einen konstruktiven Umgang mit negativen Gedanken zu entwickeln ist entscheidend für ein glückliches und gelassenes Leben. Dies kann beinhalten, negative Gedanken zu hinterfragen, alternative Perspektiven zu suchen oder sich auf positive Aspekte zu fokussieren. Techniken wie kognitive Umstrukturierung oder das Führen eines Dankbarkeitstagebuchs können dabei hilfreich sein.

3. Selbstbewusstsein und Selbstakzeptanz

Selbstbewusstsein und Selbstakzeptanz sind entscheidende Aspekte für ein glückliches und erfülltes Leben. Sie ermöglichen es, sich selbst zu akzeptieren und sich seiner eigenen Stärken bewusst zu sein. Durch die Entwicklung von Selbstbewusstsein und Selbstakzeptanz können negative Gedanken und Selbstzweifel überwunden werden, was zu einem positiven Selbstbild führt. Diese Fähigkeiten können durch gezielte Übungen wie Selbstreflexion, Affirmationen und das Feiern von Erfolgen gestärkt werden.

3.1. Selbstwertgefühl aufbauen

Beim Aufbau des Selbstwertgefühls geht es darum, die Wertschätzung und Anerkennung für sich selbst zu steigern. Dies kann durch das Setzen und Erreichen von persönlichen Zielen, das Praktizieren von Selbstfürsorge und das Lernen, eigene Grenzen zu respektieren, erreicht werden. Darüber hinaus ist es wichtig, sich bewusst zu machen, welche positiven Eigenschaften und Fähigkeiten man besitzt und sich auf diese zu fokussieren, um das Selbstwertgefühl zu stärken.

3.2. Selbstakzeptanz steigern

Die Steigerung der Selbstakzeptanz beinhaltet die Annahme und Wertschätzung der eigenen Person mit all ihren Stärken und Schwächen. Dieser Prozess kann durch Achtsamkeitsübungen, das Praktizieren von Dankbarkeit und die bewusste Auseinandersetzung mit der eigenen Geschichte erfolgen. Es ist wichtig zu verstehen, dass Selbstakzeptanz ein kontinuierlicher und dynamischer Prozess ist, der Zeit und

Geduld erfordert, aber zu einem gesteigerten Wohlbefinden und einem positiven Selbstbild führen kann.

4. Stärkung der Resilienz

Die Stärkung der Resilienz ist ein wichtiger Bestandteil der positiven Psychologie, da sie uns befähigt, schwierige Zeiten zu bewältigen und gestärkt daraus hervorzugehen. Indem wir Resilienz aufbauen, können wir lernen, mit belastenden Situationen umzugehen, uns anzupassen und sogar aus ihnen zu wachsen. Es geht darum, widerstandsfähiger zu werden und die Fähigkeit zu entwickeln, auch in herausfordernden Zeiten stabil zu bleiben.

4.1. Resilienz definieren und verstehen

Resilienz kann als die Fähigkeit definiert werden, sich von schwierigen Lebensumständen zu erholen und zu adaptieren. Es geht darum, Krisen zu überwinden, Stress zu bewältigen und sich an Veränderungen anzupassen. Resiliente Menschen sind in der Lage, auch unter herausfordernden Bedingungen eine gewisse Stabilität aufrechtzuerhalten und sich weiterzuentwickeln. Es ist wichtig, Resilienz als einen Prozess zu verstehen, der entwickelt und gestärkt werden kann.

4.2. Techniken zur Stärkung der Resilienz

Es gibt verschiedene Techniken zur Stärkung der Resilienz, darunter die Förderung eines positiven Mindsets, den Aufbau von sozialen Unterstützungssystemen, die Entwicklung von Problemlösungsfähigkeiten und die Praxis der Achtsamkeit. Indem wir lernen, auf positive Weise mit Herausforderungen umzugehen, können wir unsere resilienz erhöhen. Darüber hinaus kann die bewusste Pflege von Beziehungen und die aktive Suche nach Lösungen für Probleme dazu beitragen, unsere Widerstandsfähigkeit zu stärken.

5. Positive Emotionen kultivieren

Die positive Kultivierung von Emotionen ist ein wichtiger Bestandteil der positiven Psychologie. Durch die bewusste Förderung positiver Emotionen wie Freude, Dankbarkeit und Liebe können wir unser Wohlbefinden steigern und ein glücklicheres Leben führen. Positive Emotionen können auch unsere Resilienz stärken und uns helfen, besser mit Stress umzugehen. Indem wir uns auf positive Emotionen konzentrieren und sie in unser Leben integrieren, können wir einen entscheidenden Beitrag zu unserem psychischen und emotionalen Wohlbefinden leisten.

5.1. Die Bedeutung von positiven Emotionen

Positive Emotionen spielen eine entscheidende Rolle für unser Wohlbefinden und unsere Lebenszufriedenheit. Sie tragen dazu bei, dass wir uns glücklicher, gelassener und erfüllter fühlen. Darüber hinaus haben positive Emotionen auch nachweislich positive Auswirkungen auf unsere körperliche Gesundheit. Sie stärken unser Immunsystem, senken das Risiko für Herzerkrankungen und können sogar die Lebenserwartung erhöhen. Studien haben gezeigt, dass Menschen, die regelmäßig positive Emotionen erleben, insgesamt ein besseres Wohlbefinden und eine höhere Lebensqualität haben.

5.2. Praktiken zur Förderung positiver Emotionen

Es gibt verschiedene praktische Ansätze, um positive Emotionen zu fördern und in unseren Alltag zu integrieren. Dazu gehören Dankbarkeitsübungen, das bewusste Erleben von Momenten der Freude und das Ausdrücken von Liebe und Freundlichkeit gegenüber anderen. Zudem können körperliche Aktivität, ausreichend Schlaf und die Pflege von sozialen Beziehungen dazu beitragen, positive Emotionen zu kultivieren. Achtsamkeitspraktiken wie Meditation und Atemübungen können ebenfalls dabei helfen, einen positiven emotionalen Zustand zu erreichen und aufrechtzuerhalten.

6. Achtsamkeit und Meditation

Achtsamkeit ist eine wichtige Praxis, um im Hier und Jetzt zu leben und Stress zu reduzieren. Durch bewusstes Wahrnehmen der eigenen Gedanken, Emotionen und der Umgebung kann Achtsamkeit im Alltag integriert werden. Dies kann durch einfache Übungen wie bewusstes Atmen, bewusstes Essen oder bewusstes Gehen geschehen. Diese Praktiken ermöglichen es, Achtsamkeit als festen Bestandteil des Tagesablaufs zu etablieren und somit die Selbstwahrnehmung zu stärken.

6.1. Achtsamkeit im Alltag integrieren

Die Integration von Achtsamkeit in den Alltag erfordert keine zusätzliche Zeit, sondern lediglich die bewusste Entscheidung, im gegenwärtigen Moment präsent zu sein. Dies kann durch kleine Maßnahmen wie das bewusste Erleben einer Tasse Tee oder Kaffee, das Fokussieren auf die Atmung während kurzer Pausen oder das bewusste Erfassen der Sinnesreize während des Spaziergangs erreicht werden. Die regelmäßige Praxis dieser Achtsamkeitsübungen kann zu einer erhöhten Selbstwahrnehmung und inneren Ruhe führen.

6.2. Meditationstechniken für Anfänger

Meditationstechniken können Anfängern helfen, Ruhe zu finden und den Geist zu beruhigen. Eine einfache Methode ist die Konzentration auf die Atmung, bei der der Fokus auf dem Ein- und Ausatmen liegt. Eine weitere Möglichkeit ist die geführte Meditation, bei der eine sanfte Stimme Anweisungen gibt, um den Geist zu beruhigen und zu zentrieren. Zusätzlich können Anfänger die progressive Muskelentspannung ausprobieren, um körperliche Spannungen zu reduzieren und den mentalen Zustand zu beruhigen.

7. Beziehungen und soziale Unterstützung

Beziehungen und soziale Unterstützung spielen eine entscheidende Rolle für unser Wohlbefinden. Sie bieten emotionale Unterstützung, soziale Bindung und helfen dabei, Stress abzubauen. Durch positive Beziehungen fühlen wir uns verbunden, geliebt und akzeptiert, was sich positiv auf unsere psychische Verfassung auswirkt. Sie fungieren als wichtige Puffer in schwierigen Zeiten und tragen maßgeblich zu einem glücklichen und gelassenen Leben bei.

7.1. Die Bedeutung von Beziehungen für das Wohlbefinden

Die Bedeutung von Beziehungen für das Wohlbefinden ist nicht zu unterschätzen. Studien zeigen, dass Menschen mit starken sozialen Bindungen tendenziell glücklicher und gesünder sind. Dadurch wird das Risiko von psychischen Problemen wie Depression und Angst verringert. Zudem fördern gute Beziehungen eine positive Lebenseinstellung, steigern das Selbstwertgefühl und tragen zu einem allgemeinen Gefühl des Wohlbefindens bei.

7.2. Gesunde Beziehungen pflegen

Gesunde Beziehungen zu pflegen erfordert gegenseitige Unterstützung, Offenheit, Ehrlichkeit und Empathie. Es ist wichtig, aktiv zuzuhören, Verständnis zu zeigen und Konflikte konstruktiv zu lösen. Zudem ist es hilfreich, gemeinsame Aktivitäten zu unternehmen, Zeit miteinander zu verbringen und sich füreinander zu interessieren. Kommunikation und Kompromissbereitschaft sind Schlüsselkomponenten, um eine gesunde Beziehung aufrechtzuerhalten und zu stärken.

8. Ziele setzen und erreichen

Das Setzen und Erreichen von Zielen ist ein wichtiger Bestandteil der positiven Psychologie, da es dazu beiträgt, ein erfülltes und glückliches Leben zu führen. Indem man konkrete Ziele definiert und aktiv auf ihre Erreichung hinarbeitet, kann man sein Selbstbewusstsein stärken und eine positive Lebenseinstellung fördern. Es ist wichtig, realistische und herausfordernde Ziele zu setzen, die sich in verschiedene Lebensbereiche erstrecken und so ein ausgewogenes Leben ermöglichen.

8.1. SMARTe Ziele definieren

Um effektiv Ziele zu setzen und zu erreichen, ist es hilfreich, SMARTe Ziele zu definieren. SMART steht für spezifisch, messbar, erreichbar, relevant und zeitgebunden. Indem man diese Kriterien berücksichtigt, können die Ziele klarer formuliert, überprüfbarer und somit leichter umsetzbar gemacht werden. Beispielsweise könnte ein SMARTes Ziel lauten: 'Ich werde innerhalb der nächsten sechs Monate drei Kilogramm abnehmen, indem ich meine Ernährung umstelle und regelmäßig Sport treibe.'

8.2. Methoden zur Zielerreichung

Es gibt verschiedene bewährte Methoden, um die Zielerreichung zu unterstützen. Dazu gehören beispielsweise die Aufteilung großer Ziele in kleinere, leichter zu bewältigende Schritte, die regelmäßige Überprüfung des Fortschritts, das Festlegen von Belohnungen für Meilensteine und die Visualisierung des Ziels. Darüber hinaus kann die Unterstützung durch ein soziales Netzwerk oder das Annehmen von Verantwortung für die Zielerreichung hilfreich sein. Durch die Anwendung solcher Methoden kann die Wahrscheinlichkeit erhöht werden, dass die gesetzten Ziele erfolgreich erreicht werden.

9. Selbstfürsorge und Stressbewältigung

Selbstfürsorge ist ein wesentlicher Bestandteil des persönlichen Wohlbefindens und beinhaltet die bewusste Pflege und Aufmerksamkeit für die eigenen Bedürfnisse. Dies kann durch regelmäßige Pausen, ausreichend Schlaf, gesunde Ernährung und körperliche Bewegung erreicht werden. Zudem ist es wichtig, sich selbst gegenüber wohlwollend und mitfühlend zu sein, um Stress abzubauen und die allgemeine Zufriedenheit zu steigern.

9.1. Selbstfürsorge als wichtiger Bestandteil des Wohlbefindens

Selbstfürsorge umfasst die bewusste Wahrnehmung der eigenen physischen und emotionalen Bedürfnisse sowie die gezielte Zuwendung an das eigene Wohlbefinden. Dies beinhaltet den achtsamen Umgang mit sich selbst, das Setzen von klaren Grenzen und das Wahrnehmen von Stresssymptomen. Indem man sich bewusst Zeit für sich selbst nimmt und auf die eigenen Bedürfnisse eingeht, kann das allgemeine Wohlbefinden nachhaltig gestärkt werden.

9.2. Stressbewältigungstechniken

Stressbewältigungstechniken können helfen, mit belastenden Situationen besser umzugehen und die persönliche Resilienz zu stärken. Dazu zählen Atemtechniken, progressive Muskelentspannung, Meditation, Achtsamkeitsübungen und die bewusste Planung von Auszeiten. Indem man verschiedene Techniken ausprobiert und diejenigen identifiziert, die am besten für die individuelle Stressbewältigung geeignet sind, kann man das persönliche Wohlbefinden und die innere Gelassenheit nachhaltig fördern.

10. Lebenssinn und Purpose

Die Suche nach Lebenssinn kann eine komplexe und persönliche Reise sein, die oft tiefe Reflexion und Selbstanalyse erfordert. Es beinhaltet das Nachdenken über persönliche Werte, Leidenschaften und langfristige Ziele. Menschen suchen oft nach einem Sinn in ihrem Leben, um Erfüllung und Zufriedenheit zu finden. Purpose im Alltag zu leben bedeutet, bewusst Entscheidungen zu treffen, die mit den persönlichen Werten und Zielen in Einklang stehen. Es geht darum, eine klare Vision für das eigene Leben zu entwickeln und bewusst danach zu handeln, um ein Gefühl von Richtung und Bedeutung zu schaffen.

10.1. Die Suche nach Lebenssinn

Die Suche nach Lebenssinn beinhaltet oft die Auseinandersetzung mit existenziellen Fragen und dem Bestreben, das eigene Leben mit Bedeutung zu füllen. Menschen reflektieren über ihre persönlichen Werte, Leidenschaften und Ziele, um ihrem Leben einen tieferen Sinn zu verleihen. Diese Suche kann eine Quelle der Inspiration und Motivation sein, um langfristige Entscheidungen und Lebenswege zu gestalten. Dabei ist es wichtig, sich selbst und seine Überzeugungen zu hinterfragen, um eine klare Vorstellung vom Lebenssinn zu entwickeln.

10.2. Purpose im Alltag leben

Purpose im Alltag zu leben bedeutet, tägliche Handlungen und Entscheidungen mit den persönlichen Werten und langfristigen Zielen in Einklang zu bringen. Es beinhaltet, bewusst und reflektiert zu leben, um ein Gefühl von Richtung und Bedeutung zu schaffen. Indem man sich auf die eigenen Prioritäten und Ziele konzentriert, kann das Leben mit mehr Sinnhaftigkeit und Erfüllung gefüllt werden. Purpose im Alltag zu leben erfordert Selbstreflexion und die Fähigkeit, bewusste Entscheidungen zu treffen, die das eigene Leben positiv beeinflussen.

11. Fazit und Ausblick

In diesem abschließenden Kapitel haben wir einen umfassenden Einblick in die positiven psychologischen Ansätze zur Überwindung negativer Gedanken und Stärkung des Selbstbewusstseins erhalten. Wir haben gelernt, wie wir negative Gedanken erkennen, verstehen und aktiv entgegenwirken können. Zudem konnten wir verschiedene Techniken zur Stärkung des Selbstwertgefühls und zur Förderung von Resilienz kennenlernen. Darüber hinaus haben wir die Bedeutung positiver Emotionen, Achtsamkeit, gesunder Beziehungen, Zielsetzung, Selbstfürsorge, Stressbewältigung und Lebenssinn für ein glückliches und gelassenes Leben beleuchtet. Ein Ausblick zeigt, dass wir uns weiterhin mit der Anwendung dieser Konzepte im Alltag befassen und sie kontinuierlich in unser Leben integrieren sollten, um langfristig von den positiven Effekten zu profitieren.

Die Anwendung der positiven Psychologie zur Überwindung von Ängsten und zur Steigerung von innerem Frieden und Selbstvertrauen

1. Einleitung

Die Einleitung dient dazu, die Leserinnen und Leser auf das Thema der positiven Psychologie und ihre Anwendung zur Überwindung von Ängsten vorzubereiten. Es wird ein Überblick über den Inhalt des Werkes gegeben, um die Bedeutung und Relevanz der positiven Psychologie für die persönliche Entwicklung und das Wohlbefinden zu verdeutlichen.

1.1. Hintergrund und Bedeutung der positiven Psychologie

Im Abschnitt Hintergrund und Bedeutung der positiven Psychologie wird die Entstehungsgeschichte sowie die zentrale Bedeutung dieser Strömung innerhalb der Psychologie erläutert. Es wird die Bedeutung der positiven Psychologie hervorgehoben und aufgezeigt, wie sie im Kontext der Überwindung von Ängsten und der Steigerung von innerem Frieden und Selbstvertrauen eingesetzt werden kann.

2. Grundlagen der positiven Psychologie

Die positive Psychologie ist ein Teilgebiet der Psychologie, das sich darauf konzentriert, das Wohlbefinden, die Stärken und die positiven Aspekte des menschlichen Lebens zu erforschen und zu fördern. Im Gegensatz zur traditionellen Psychologie, die sich oft auf das Behandeln von Problemen konzentriert, betrachtet die positive Psychologie das Streben nach Glück, Erfüllung und Selbstverwirklichung als zentrale Aspekte des menschlichen Daseins. Sie basiert auf wissenschaftlichen Studien und Forschungsergebnissen, die sich mit Optimismus, Resilienz, Dankbarkeit und anderen positiven Eigenschaften auseinandersetzen.

2.1. Definition und zentrale Konzepte

Die positive Psychologie konzentriert sich auf die Förderung des Wohlbefindens und die Entwicklung von Stärken, anstatt sich ausschließlich auf die Behandlung von psychischen Störungen zu konzentrieren. Zentrale Konzepte sind die Erforschung von Glück, positiven Emotionen, Engagement, Beziehungen, Sinn und Erfüllung. Sie zielt darauf ab, individuelle Resilienz zu stärken, das Selbstwertgefühl zu steigern und die Fähigkeit zu fördern, mit Stress und Angst umzugehen. Die positive Psychologie betont die

Bedeutung von positiven Erfahrungen und die Förderung von positiven Eigenschaften, um das allgemeine Wohlbefinden zu verbessern.

3. Angst: Ursachen und Auswirkungen

Angst kann verschiedene Ursachen haben, darunter genetische, Umwelt- und persönliche Faktoren. Die Auswirkungen von Angst können sich auf verschiedene Bereiche des Lebens auswirken, einschließlich der körperlichen und psychischen Gesundheit, der Beziehungen und der beruflichen Leistung.

3.1. Verschiedene Arten von Ängsten

Es gibt verschiedene Arten von Ängsten, darunter soziale Angst, generalisierte Angststörung, Panikstörung und Phobien. Jede Art von Angst hat spezifische Merkmale und Auswirkungen auf das Leben der Betroffenen. Es ist wichtig, diese Unterschiede zu verstehen, um geeignete Interventionen und Behandlungen zu entwickeln.

4. Die Rolle der positiven Psychologie bei der Bewältigung von Ängsten

Die positive Psychologie spielt eine entscheidende Rolle bei der Bewältigung von Ängsten, da sie sich auf die Stärkung der psychologischen Ressourcen und die Förderung des Wohlbefindens konzentriert. Durch den Fokus auf positive Emotionen, Stärken und Tugenden bietet die positive Psychologie wirksame Strategien zur Überwindung von Ängsten. Indem sie positive Erlebnisse, Hoffnung und Optimismus anregt, trägt sie dazu bei, negative Denkmuster zu durchbrechen und die Bewältigung von Ängsten zu erleichtern.

4.1. Stärkung des Selbstbewusstseins und Selbstvertrauens

Die positive Psychologie zielt darauf ab, das Selbstbewusstsein und Selbstvertrauen zu stärken, indem sie die individuellen Stärken und Fähigkeiten in den Vordergrund rückt. Durch gezielte Übungen und Interventionen werden positive Selbstbilder und Selbstwirksamkeit gefördert, was dazu beiträgt, Ängste zu überwinden und inneren Frieden zu erlangen. Indem sie Menschen dazu ermutigt, sich auf ihre Ressourcen und Erfolge zu konzentrieren, bietet die positive Psychologie effektive Werkzeuge zur Steigerung des Selbstvertrauens und zur Entwicklung eines positiven Selbstkonzepts.

5. Praktische Anwendungen der positiven Psychologie

Die praktischen Anwendungen der positiven Psychologie umfassen eine Vielzahl von Interventionen, die darauf abzielen, das Wohlbefinden zu steigern und negative Emotionen zu reduzieren. Dazu gehören Aktivitäten wie Dankbarkeitsjournaling, das Identifizieren und Anwenden von Stärken, positives Visualisieren und die Förderung von sozialen Beziehungen. Diese praktischen Ansätze können helfen, Ängste zu lindern, das Selbstvertrauen zu stärken und die innere Ruhe zu fördern.

5.1. Achtsamkeitsübungen und Meditation

Achtsamkeitsübungen und Meditation sind wichtige Praktiken der positiven Psychologie zur Steigerung des inneren Friedens und der emotionalen Stabilität. Durch regelmäßige Achtsamkeitspraktiken können Menschen lernen, im gegenwärtigen Moment präsent zu sein und ihre Gedanken und Emotionen bewusst wahrzunehmen, ohne sich von diesen überwältigen zu lassen. Meditation kann helfen, die Klarheit des Geistes zu fördern, Stress zu reduzieren und das Selbstbewusstsein zu stärken. Diese Techniken sind wirksame Werkzeuge zur Überwindung von Ängsten und zur Förderung des Wohlbefindens.

6. Fallstudien und Erfolgsgeschichten

Dieser Abschnitt wird verschiedene Fallstudien und Erfolgsgeschichten präsentieren, die die Anwendung der positiven Psychologie zur Überwindung von Ängsten und zur Steigerung von innerem Frieden und Selbstvertrauen dokumentieren. Diese Geschichten werden konkrete Beispiele liefern, wie Menschen durch die Anwendung der positiven Psychologie ihre Ängste überwunden und ein höheres Maß an innerem Frieden und Selbstvertrauen erreicht haben.

6.1. Persönliche Geschichten der Transformation

In diesem Teil des Buches werden persönliche Geschichten der Transformation vorgestellt, die die positive Wirkung der positiven Psychologie bei der Überwindung von Ängsten und der Steigerung von innerem Frieden und Selbstvertrauen veranschaulichen. Diese Geschichten werden aufzeigen, wie Menschen ihre Ängste mithilfe der positiven Psychologie bewältigt haben und dadurch tiefgreifende Veränderungen in ihrem Leben erfahren haben.

7. Schlussfolgerungen und Ausblick

Im Rahmen dieser Arbeit konnten wir die Bedeutung der positiven Psychologie bei der Bewältigung von Ängsten und der Steigerung von innerem Frieden und Selbstvertrauen herausarbeiten. Durch die Anwendung von Achtsamkeitsübungen, Meditation und der Stärkung des Selbstbewusstseins können positive Veränderungen im Umgang mit Ängsten erreicht werden. Darüber hinaus wurde deutlich, dass die positiven Effekte der positiven Psychologie in verschiedenen Fallstudien und Erfolgsgeschichten belegt werden können. Diese Erkenntnisse legen nahe, dass die positive Psychologie viel Potenzial zur Unterstützung von Menschen in schwierigen Lebenssituationen hat und auch in Zukunft weiter erforscht und angewendet werden sollte, um noch bessere Methoden zur Bewältigung von Ängsten zu entwickeln.

7.1. Zusammenfassung der wichtigsten Erkenntnisse

In der Zusammenfassung lässt sich festhalten, dass die positive Psychologie als vielversprechender Ansatz zur Überwindung von Ängsten und zur Steigerung von innerem Frieden und Selbstvertrauen betrachtet werden kann. Durch die Stärkung des Selbstbewusstseins und der Anwendung von Achtsamkeitsübungen und Meditation können positive Veränderungen im Umgang mit Ängsten erzielt werden. Die Erfolgsgeschichten und Fallstudien verdeutlichen die Wirksamkeit dieser Methoden. Es ist zu erwarten, dass die positive Psychologie in Zukunft weiter an Bedeutung gewinnen wird und neue Erkenntnisse hervorbringt, die noch gezieltere und effektivere Maßnahmen zur Bewältigung von Ängsten ermöglichen.

Positive Psychologie für den Alltag: Wie Sie negative Gedanken kontrollieren, Gelassenheit lernen und ein erfülltes Leben führen können

1. Einleitung

Die Einleitung dieses Buches zur Positiven Psychologie für den Alltag gibt einen Überblick über den Inhalt und die Ziele des Werkes. Es erklärt, wie negative Gedanken kontrolliert, Gelassenheit erlernt und ein erfülltes Leben geführt werden können. Der Leser erhält einen Einblick in die Themen und erfährt, wie ihm das Buch dabei helfen kann, positive Veränderungen in seinem Leben herbeizuführen.

2. Kapitel 1: Grundlagen der Positiven Psychologie

Die Grundlagen der Positiven Psychologie beziehen sich auf die wissenschaftliche Untersuchung der Faktoren und Bedingungen, die dazu beitragen, dass Menschen ihr Leben erfolgreich und erfüllend gestalten. Diese Disziplin konzentriert sich auf die Förderung positiver Emotionen, Charakterstärken und Lebenssinn. Durch die Anwendung positiver Psychologie können Menschen ihre allgemeine Lebenszufriedenheit steigern und ihre psychische Gesundheit verbessern.

2.1. 1.1 Definition und Entwicklung

Die Positive Psychologie befasst sich mit der Erforschung und Förderung von Faktoren, die zu einem erfüllten und glücklichen Leben führen. Diese psychologische Strömung hat sich von traditionellen Ansätzen abgewandt, die hauptsächlich die Behandlung von psychischen Störungen und Problemen fokussierten. Stattdessen liegt der Fokus auf der Identifizierung von Stärken, Tugenden und Ressourcen, die das Wohlbefinden und die Lebensqualität fördern.

2.2. 1.2 Schlüsselkonzepte

Die Schlüsselkonzepte der Positiven Psychologie umfassen Themen wie Glück, Resilienz, Wohlbefinden, Selbstwirksamkeit und Flow-Erleben. Diese Konzepte dienen als Grundlage für die Entwicklung von Interventionen und Maßnahmen, die darauf abzielen, positive Emotionen zu fördern, persönliche Stärken zu stärken und die psychische Gesundheit zu verbessern. Durch die Anwendung dieser Konzepte können Menschen lernen, wie sie ein erfülltes und bedeutungsvolles Leben führen können.

2.3. 1.3 Anwendungsbereiche

Die Anwendungsbereiche der Positiven Psychologie erstrecken sich auf verschiedene Lebensbereiche, einschließlich Bildung, Arbeitsplatz, klinische Praxis und persönliche Entwicklung. In der Bildung kann die Positive Psychologie verwendet werden, um das Wohlbefinden von Schülern zu fördern und deren Lernmotivation zu steigern. Im Berufsleben kann sie dazu dienen, positive Arbeitsumgebungen zu schaffen und die Mitarbeiterzufriedenheit zu erhöhen. Auf persönlicher Ebene kann die Positive Psychologie als Werkzeug zur Förderung des eigenen Wohlbefindens und zur Steigerung der Lebenszufriedenheit dienen.

3. Kapitel 2: Negative Gedanken erkennen und verstehen

3.1. 2.1 Automatische Gedanken - Automatische Gedanken sind schnell auftauchende Gedanken, die oft negativ und irrational sind. Sie kommen spontan und automatisch, ohne bewusste Kontrolle. Diese Gedanken können durch bestimmte Situationen oder Ereignisse ausgelöst werden und das Gemüt stark beeinflussen. Es ist wichtig, sich dieser automatischen Gedanken bewusst zu werden, um sie zu erkennen und zu verstehen.
3.2. 2.2 Kognitive Verzerrungen - Kognitive Verzerrungen sind fehlerhafte Denkmuster, die zu negativen Automatischen Gedanken führen. Beispiele für kognitive Verzerrungen sind übermäßiges Verallgemeinern, Schwarz-Weiß-Denken und das Lesen von Gedanken. Diese Verzerrungen können zu einer verzerrten Sicht der Realität führen und negative Gedanken verstärken. 3.3. 2.3 Selbstgespräche - Selbstgespräche sind die inneren monologe und Dialoge, die in unseren Köpfen stattfinden. Sie können positiv oder negativ sein und haben einen starken Einfluss auf unsere Emotionen und unser Verhalten. Es ist wichtig, sich bewusst zu werden, wie wir mit uns selbst sprechen, um negative Selbstgespräche zu erkennen und zu verändern.

3.1. 2.1 Automatische Gedanken

3.2. 2.2 Kognitive Verzerrungen

3.3. 2.3 Selbstgespräche

4. Kapitel 3: Techniken zur Kontrolle negativer Gedanken

Achtsamkeit ist eine wirksame Technik, um negative Gedanken zu kontrollieren. Indem man sich auf den gegenwärtigen Moment konzentriert und bewusst die Gedanken und Gefühle betrachtet, kann man negative Gedanken erkennen und loslassen. Kognitive Umstrukturierung ist eine weitere Technik, die hilft, negative Gedanken in positive umzuwandeln. Durch das Erkennen und Infragestellen der negativen Denkmuster kann man neue, positivere Überzeugungen und Gedanken entwickeln.
Visualisierungstechniken können ebenfalls dabei helfen, negative Gedanken zu kontrollieren, indem man sich positive Bilder und Szenarien vorstellt, um das Gehirn auf positive Weise zu beeinflussen und die Stimmung zu verbessern.

4.1. 3.1 Achtsamkeit

Achtsamkeit beinhaltet, den gegenwärtigen Moment bewusst wahrzunehmen, ohne ihn zu bewerten oder zu reagieren. Diese Technik hilft, negative Gedanken zu erkennen, ohne von ihnen mitgerissen zu werden. Durch regelmäßige Achtsamkeitsübungen kann man lernen, eine gelassenere und positivere Einstellung zu entwickeln und so die Kontrolle über negative Gedanken zu erlangen.

4.2. 3.2 Kognitive Umstrukturierung

Kognitive Umstrukturierung beinhaltet das Identifizieren und Infragestellen von negativen Denkmustern sowie das Ersetzen dieser durch positive Gedanken. Indem man kognitive Verzerrungen erkennt und korrigiert, kann man seine Sichtweise verändern und negative Gedanken umwandeln, um so eine positivere und realistischere Einstellung zu entwickeln.

4.3. 3.3 Visualisierungstechniken

Visualisierungstechniken sind eine effektive Methode, um das Gehirn auf positive Weise zu beeinflussen und die Stimmung zu verbessern. Indem man sich positive Bilder und Szenarien vorstellt, kann man negative Gedanken ausblenden und die Aufmerksamkeit auf das Gute lenken. Mit regelmäßiger Anwendung können Visualisierungstechniken dabei helfen, eine optimistischere Einstellung zu entwickeln und die Kontrolle über negative Gedanken zu stärken.

5. Kapitel 4: Gelassenheit lernen und Stressbewältigung

In diesem Kapitel werden verschiedene Techniken zur Förderung von Gelassenheit und Stressbewältigung vorgestellt. Der erste Schritt ist die Identifizierung der individuellen Stressoren, um zu verstehen, welche Situationen oder Umstände Stress verursachen. Anschließend werden Entspannungstechniken wie progressive Muskelentspannung, Atemübungen oder Meditation zur Stressreduzierung erläutert. Darüber hinaus wird auf die Bedeutung des Zeitmanagements eingegangen, um effektiver mit Stress umzugehen und Prioritäten zu setzen.

5.1. 4.1 Stressoren identifizieren

Die Identifikation von Stressoren ist ein wichtiger Schritt, um die Quellen von Stress im Alltag zu erkennen. Dazu gehört die Aufzeichnung von stressigen Situationen und die Analyse, welche Faktoren dazu beigetragen haben. Stressoren können sowohl intern, wie beispielsweise eigene Erwartungen und Perfektionismus, als auch extern, wie Zeitdruck oder Konflikte, sein. Indem die individuellen Stressoren klar benannt und verstanden werden, können gezielte Maßnahmen zur Stressbewältigung entwickelt werden.

5.2. 4.2 Entspannungstechniken

Entspannungstechniken spielen eine wichtige Rolle bei der Förderung von Gelassenheit und Stressbewältigung. Verschiedene Methoden wie progressiven Muskelentspannung, autogenes Training, Yoga oder Meditation können dabei helfen, körperliche und mentale Anspannung zu reduzieren. Durch regelmäßige Anwendung von Entspannungstechniken kann die Stressreaktion des Körpers verringert und das Wohlbefinden gesteigert werden.

5.3. 4.3 Zeitmanagement

Effektives Zeitmanagement ist ein entscheidender Faktor, um Stress im Alltag zu reduzieren. Es beinhaltet die Planung und Priorisierung von Aufgaben, um eine bessere Kontrolle über den eigenen Tagesablauf zu erlangen. Zudem kann eine realistische Einschätzung der eigenen Zeitressourcen dazu beitragen, Überlastung und Stress zu vermeiden. Indem Zeitmanagement-Fähigkeiten entwickelt werden, können stressige Situationen besser bewältigt und ein ausgeglichenerer Lebensstil gefördert werden.

6. Kapitel 5: Ein erfülltes Leben führen

Ein erfülltes Leben zu führen erfordert die Fähigkeit, sowohl persönliche Stärken als auch Werte zu identifizieren. Durch die Auseinandersetzung mit den eigenen Stärken und Werten wird es möglich, Entscheidungen im Einklang mit den eigenen Überzeugungen zu treffen und ein erfülltes Leben zu führen. Dieser Prozess ermöglicht es auch, authentisch zu handeln und persönliches Wachstum zu erleben.

6.1. 5.1 Stärken und Werte identifizieren

Die Identifikation von persönlichen Stärken und Werten ist ein wichtiger Schritt, um ein erfülltes Leben zu führen. Indem man sich bewusst wird, welche Fähigkeiten und Qualitäten man besitzt, kann man gezielt darauf hin arbeiten, sie in verschiedenen Lebensbereichen einzusetzen. Ebenso hilft die Klärung persönlicher Werte dabei, Entscheidungen zu treffen, die zu einem erfüllten Leben beitragen.

6.2. 5.2 Zielsetzung und Motivation

Die Festlegung von klaren Zielen und die Entwicklung einer starken Motivation sind entscheidend, um ein erfülltes Leben zu führen. Durch die Identifizierung konkreter Ziele und die Schaffung einer starken Motivation wird es möglich, sich auf das zu konzentrieren, was wirklich wichtig ist und Anstrengungen zu bündeln, um die gewünschten Ergebnisse zu erzielen.

6.3. 5.3 Beziehungen pflegen

Beziehungen zu anderen Menschen tragen wesentlich dazu bei, ein erfülltes Leben zu führen. Die Pflege von Beziehungen, sei es zu Familie, Freunden oder Kollegen, ermöglicht es, Freude, Unterstützung und Verbundenheit zu erfahren. Der Aufbau und die Pflege positiver Beziehungen sind daher ein wichtiger Bestandteil eines erfüllten Lebens.

7. Schlussfolgerungen und Ausblick

Abschließend lässt sich festhalten, dass die positive Psychologie ein wertvolles Instrument bietet, um negative Gedanken zu kontrollieren und ein erfülltes Leben zu führen. Indem man lernt, automatische Gedanken zu erkennen, kognitive Verzerrungen zu verstehen und Achtsamkeit zu praktizieren, kann man seine Denkmuster positiv beeinflussen. Zusätzlich bieten Techniken wie kognitive Umstrukturierung, Visualisierung und Entspannung eine effektive Möglichkeit, Gelassenheit zu erlangen und mit Stress umzugehen. Die Identifikation von Stärken, Werten und die Pflege von Beziehungen spielen ebenfalls eine entscheidende Rolle für ein erfülltes Leben. Ein Ausblick zeigt, dass durch die Anwendung dieser Konzepte langfristige Veränderungen möglich sind und ein positiver Lebensweg eingeschlagen werden kann.

8. Anhang: Praktische Übungen und Arbeitsblätter

In diesem Anhang finden Sie praktische Übungen und Arbeitsblätter, die Ihnen helfen, das Gelernte in die Praxis umzusetzen. Dazu gehören unter anderem Anleitungen zur Achtsamkeitsmeditation, zur kognitiven Umstrukturierung und zur Entspannungstechniken. Die Arbeitsblätter bieten Ihnen die Möglichkeit, Ihre automatischen Gedanken zu erkennen, kognitive Verzerrungen zu identifizieren und Ihre persönlichen Stärken und Werte zu erforschen. Sie dienen als Hilfsmittel, um die

Techniken der Positiven Psychologie in Ihren Alltag zu integrieren und ein erfülltes Leben zu führen.

Selbstentwicklung: Persönliches Wachstum und Selbstverbesserung

1. Einleitung

Die Selbstentwicklung ist ein zentrales Thema in der persönlichen Entwicklung. Dieses Buch bietet einen umfassenden Leitfaden, um Persönliches Wachstum und Selbstverbesserung zu fördern. Es behandelt verschiedene Aspekte der Selbstentwicklung und gibt praktische Ratschläge und Methoden, um das eigene Potenzial maximal zu entfalten.

1.1. Bedeutung von Selbstentwicklung

Die Bedeutung von Selbstentwicklung liegt darin, das eigene Leben in die Hand zu nehmen und aktiv an der eigenen Persönlichkeitsentwicklung zu arbeiten. Indem man sich kontinuierlich weiterentwickelt, kann man seine Fähigkeiten stärken, sich persönlich entfalten und seine Ziele erreichen. Selbstentwicklung trägt maßgeblich dazu bei, die eigene Lebensqualität zu steigern und ein erfülltes Leben zu führen.

2. Grundlagen der Selbstentwicklung

Die Grundlagen der Selbstentwicklung beinhalten das Verständnis der persönlichen Stärken und Schwächen sowie die Fähigkeit, diese zu verbessern. Es ist ein Prozess, der Selbstreflexion und Selbstbewusstsein erfordert, um das persönliche Wachstum zu fördern und individuelle Ziele zu erreichen. Die Grundlagen legen den Rahmen für die psychologischen Aspekte, Methoden und Techniken sowie die Hindernisse und Lösungsansätze in der Selbstentwicklung.

2.1. Selbstreflexion

Selbstreflexion ist ein wesentlicher Bestandteil der Selbstentwicklung, der dazu dient, das eigene Verhalten, die Gedanken und Emotionen zu analysieren und zu verstehen. Durch Selbstreflexion können individuelle Muster und Glaubenssätze identifiziert werden, die das persönliche Wachstum beeinflussen. Es handelt sich um einen kontinuierlichen Prozess, der es ermöglicht, sich bewusst weiterzuentwickeln und das eigene Potenzial zu entfalten.

2.2. Selbstbewusstsein

Selbstbewusstsein steht im Zentrum der Selbstentwicklung und ist die Fähigkeit, sich seiner eigenen Fähigkeiten, Werte und Ziele bewusst zu sein. Es umfasst auch das Vertrauen in die eigenen Entscheidungen und die Fähigkeit, sich Herausforderungen zu stellen. Selbstbewusstsein ist entscheidend, um Selbstzweifel zu überwinden und sich aktiv für das persönliche Wachstum einzusetzen.

3. Psychologische Aspekte der Selbstentwicklung

Die psychologischen Aspekte der Selbstentwicklung spielen eine wichtige Rolle bei der persönlichen Weiterentwicklung. Indem man die psychologischen Grundlagen versteht, kann man effektiv an seinem persönlichen Wachstum arbeiten. Motivation und Selbstwahrnehmung sind zwei Schlüsselfaktoren, die in diesem Zusammenhang erforscht werden, um die psychologischen Aspekte der Selbstentwicklung besser zu verstehen und zu nutzen.

3.1. Motivation

Motivation ist ein zentraler Aspekt der Selbstentwicklung, da sie den Antrieb und die Ausdauer für persönliches Wachstum bietet. Es ist wichtig, die verschiedenen Motivationsquellen zu verstehen, die intrinsische und extrinsische Motivation sowie die Rolle von Zielen und Belohnungen. Indem man die eigenen Motivationsmuster kennt, kann man gezielt an der Steigerung der Motivation arbeiten und so die Selbstentwicklung vorantreiben.

3.2. Selbstwahrnehmung

Die Selbstwahrnehmung ist ein weiterer bedeutsamer psychologischer Aspekt der Selbstentwicklung. Durch die bewusste Auseinandersetzung mit den eigenen Stärken, Schwächen und Persönlichkeitsmerkmalen kann man ein tieferes Verständnis für sich selbst entwickeln. Selbstreflexion und Achtsamkeit sind wichtige Werkzeuge, um die Selbstwahrnehmung zu fördern und somit die persönliche Entwicklung positiv zu beeinflussen.

4. Methoden und Techniken der Selbstentwicklung

Methoden und Techniken der Selbstentwicklung umfassen eine Vielzahl von Ansätzen, um persönliches Wachstum und Selbstverbesserung zu fördern. Dazu gehören unter anderem mentales Training, Visualisierungstechniken, Entspannungsübungen und kognitive Verhaltensstrategien. Diese Methoden können individuell angepasst werden, um die Bedürfnisse und Ziele des Einzelnen zu unterstützen und umzusetzen.

4.1. Zielsetzung

Die Zielsetzung spielt eine entscheidende Rolle bei der Selbstentwicklung. Indem klare und realistische Ziele gesetzt werden, kann ein deutlicher Fokus auf persönliches Wachstum und Selbstverbesserung gelegt werden. Ziele dienen als Leitlinien, um Fortschritte zu messen und motivieren dazu, kontinuierlich an sich selbst zu arbeiten, um die gewünschten Ergebnisse zu erreichen.

4.2. Mentoring und Coaching

Mentoring und Coaching sind wirksame Unterstützungsmethoden, um Selbstentwicklung zu fördern. Durch die Anleitung und Unterstützung erfahrener Mentoren und Coaches können individuelle Stärken und Schwächen identifiziert und verbessert werden. Diese Mentoren und Coaches bieten auch wertvolle Einblicke, Feedback und gezielte Anleitungen, um persönliches Wachstum und Selbstverbesserung zu erleichtern und zu beschleunigen.

5. Hindernisse und Lösungsansätze in der Selbstentwicklung

Auf dem Weg der Selbstentwicklung können eine Vielzahl von Hindernissen auftreten, die das persönliche Wachstum behindern. Diese können Selbstzweifel, Prokrastination, Angst vor Veränderungen und vieles mehr umfassen. Es ist wichtig, diese Hindernisse zu identifizieren und geeignete Lösungsansätze zu finden, um sie zu überwinden. Dies kann durch Selbstreflexion, professionelle Unterstützung oder den Aufbau persönlicher Stärken und Fähigkeiten erreicht werden, um den Fortschritt bei der Selbstentwicklung nicht zu behindern.

5.1. Selbstzweifel

Selbstzweifel können die Selbstentwicklung erheblich beeinträchtigen, indem sie das Vertrauen und den Glauben an die eigenen Fähigkeiten untergraben. Diese negativen Gedanken können aus vergangenen Misserfolgen, sozialen Vergleichen oder unsicheren Situationen resultieren. Um Selbstzweifel zu überwinden, ist es wichtig, sich auf die eigenen Erfolge zu konzentrieren, positive Selbstgespräche zu führen und sich bewusst von negativen Einflüssen zu distanzieren. Die Bewältigung von Selbstzweifeln ist ein wesentlicher Schritt, um das persönliche Wachstum und die Selbstverbesserung voranzutreiben.

5.2. Prokrastination

Prokrastination, das Aufschieben von Aufgaben und Verpflichtungen, ist ein häufiges Hindernis in der Selbstentwicklung. Es kann auf mangelnde Motivation, Angst vor Misserfolg oder Überforderung zurückzuführen sein. Um Prokrastination zu überwinden, können klare Zielsetzungen, die Einteilung von Aufgaben in kleinere

Schritte und die Schaffung einer motivierenden Umgebung hilfreich sein. Zudem kann die Nutzung von Zeitmanagement-Techniken und der Austausch mit Gleichgesinnten dabei unterstützen, die Tendenz zur Prokrastination zu verringern und die eigene Selbstentwicklung zu fördern.

6. Selbstentwicklung in verschiedenen Lebensbereichen

Selbstentwicklung in verschiedenen Lebensbereichen umfasst die kontinuierliche Verbesserung und das persönliche Wachstum in verschiedenen Aspekten des Lebens. Dies kann die berufliche Entwicklung, persönliche Beziehungen, Freizeitaktivitäten, Bildung und viele andere Bereiche umfassen. Es geht darum, sich in verschiedenen Lebensbereichen weiterzuentwickeln und zu wachsen, um ein erfüllteres und zufriedenstellenderes Leben zu führen.

6.1. Berufliche Selbstentwicklung

Berufliche Selbstentwicklung bezieht sich auf die kontinuierliche Verbesserung und das Wachstum in der beruflichen Laufbahn. Dies kann die Entwicklung neuer Fähigkeiten, die Verbesserung der bestehenden Fähigkeiten, die berufliche Weiterbildung, die Entwicklung eines professionellen Netzwerks und die Erreichung beruflicher Ziele umfassen. Berufliche Selbstentwicklung ist entscheidend, um in der sich ständig verändernden Arbeitswelt wettbewerbsfähig zu bleiben und berufliche Zufriedenheit zu erreichen.

6.2. Persönliche Beziehungen

Die persönliche Entwicklung in Bezug auf Beziehungen beinhaltet die kontinuierliche Verbesserung der zwischenmenschlichen Fähigkeiten, Kommunikationsfähigkeiten, Konfliktlösungsfähigkeiten und Empathie. Dies umfasst auch die Entwicklung gesunder Beziehungen zu Familie, Freunden, romantischen Partnern und Kollegen. Persönliche Beziehungen sind ein wichtiger Teil des Lebens, und die Fähigkeit, starke und unterstützende Beziehungen aufzubauen und zu pflegen, trägt maßgeblich zum allgemeinen Wohlbefinden und persönlichen Wachstum bei.

7. Selbstentwicklung und Digitalisierung

Mit der Digitalisierung haben sich neue Möglichkeiten für die Selbstentwicklung eröffnet. Durch die Vielzahl an Online-Ressourcen können Menschen nun auf eine breite Auswahl an Informations- und Lernmaterialien zugreifen, um ihre Fähigkeiten zu verbessern. Dies ermöglicht eine flexible und individualisierte Herangehensweise an die persönliche Entwicklung, die sich an den Bedürfnissen und Zeitplänen der Lernenden orientiert. Die Digitalisierung hat somit einen positiven Einfluss auf die Selbstentwicklung, indem sie den Zugang zu relevanten Inhalten erleichtert und die Lernprozesse effektiver gestaltet.

7.1. Online-Lernplattformen

Online-Lernplattformen bieten eine Vielzahl von Kursen, Tutorials und Lehrmaterialien, die es den Nutzern ermöglichen, neue Fähigkeiten zu erlernen und ihr Wissen zu vertiefen. Diese Plattformen bieten oft interaktive Elemente wie Videos, Quizze und Foren, die das Lernen erleichtern und die Motivation aufrechterhalten. Zudem ermöglichen sie den Lernenden, in ihrem eigenen Tempo und nach ihren eigenen Bedürfnissen zu lernen. Durch die Vielfalt an Themen und Kursen tragen Online-Lernplattformen maßgeblich zur Selbstentwicklung bei und unterstützen die individuelle Weiterbildung in verschiedensten Lebensbereichen.

8. Selbstentwicklung und Gesundheit

Selbstentwicklung und Gesundheit stehen in enger Verbindung, da das Streben nach persönlichem Wachstum auch die physische Gesundheit beeinflusst. Ein gesunder Lebensstil, regelmäßige Bewegung, ausgewogene Ernährung und ausreichend Schlaf sind wichtige Voraussetzungen für eine ganzheitliche Selbstentwicklung. Darüber hinaus spielen auch die mentale Gesundheit und die Fähigkeit, mit Stress umzugehen, eine entscheidende Rolle bei der Selbstentwicklung. Insgesamt ist die Pflege der Gesundheit ein unverzichtbarer Bestandteil auf dem Weg zur persönlichen Weiterentwicklung.

8.1. Mental Health

Die mentale Gesundheit ist ein zentraler Aspekt der Selbstentwicklung. Ein ausgeglichener Geist und emotionale Stabilität sind grundlegend für persönliches Wachstum und Selbstverbesserung. Methoden wie Meditation, Achtsamkeitstraining und kognitive Verhaltenstherapie können dabei helfen, mentale Hindernisse zu überwinden und die eigene psychische Gesundheit zu stärken. Die Auseinandersetzung mit den eigenen Gedanken und Emotionen sowie der Umgang mit Stress und Druck sind wichtige Komponenten, um die mentale Gesundheit im Rahmen der Selbstentwicklung zu fördern und zu bewahren.

9. Zukunftsperspektiven der Selbstentwicklung

Die Zukunft der Selbstentwicklung wird von der fortschreitenden Digitalisierung und den sich ändernden Arbeitsumgebungen geprägt sein. Unternehmen investieren vermehrt in Mitarbeiterentwicklung und bieten maßgeschneiderte Programme zur persönlichen Weiterentwicklung an. Zudem gewinnt das Thema Nachhaltigkeit an Bedeutung, wodurch Selbstentwicklung im Sinne von bewusstem und verantwortungsvollem Handeln an Relevanz gewinnt. Auch die Integration von Künstlicher Intelligenz und Virtual-Reality-Technologien in Lernprozesse eröffnet neue Möglichkeiten für individuelles Wachstum und Selbstverbesserung.

9.1. Neue Trends und Entwicklungen

Neue Trends und Entwicklungen in der Selbstentwicklung zeigen sich zum Beispiel in der steigenden Popularität von Achtsamkeitspraktiken wie Meditation und Yoga. Diese Methoden zur mentalen Stärkung und Stressbewältigung gewinnen sowohl im beruflichen als auch im privaten Kontext an Bedeutung. Des Weiteren setzen immer mehr Menschen auf das Konzept des 'lebenslangen Lernens', um mit den sich stetig verändernden Anforderungen der Arbeitswelt Schritt zu halten. Zudem gewinnt die individuelle Work-Life-Balance als wichtiger Aspekt der Selbstentwicklung zunehmend an Aufmerksamkeit, da Menschen nach einem ganzheitlichen Wohlbefinden streben.

10. Fazit und Zusammenfassung

Die Selbstentwicklung ist ein lebenslanger Prozess, der die persönliche Weiterentwicklung und Verbesserung in verschiedenen Lebensbereichen umfasst. Durch Selbstreflexion und Selbstbewusstsein können die psychologischen Aspekte wie Motivation und Selbstwahrnehmung bewusst gesteuert werden. Methoden wie Zielsetzung und Mentoring/Coaching spielen eine wichtige Rolle bei der Erreichung von persönlich gesteckten Zielen. Hindernisse wie Selbstzweifel und Prokrastination können durch gezielte Lösungsansätze überwunden werden. Die digitale Welt bietet mit Online-Lernplattformen neue Möglichkeiten für die Selbstentwicklung. Gesundheit, insbesondere die mentale Gesundheit, ist ein wichtiger Bestandteil der Selbstentwicklung. Die Zukunftsperspektiven zeigen neue Trends und Entwicklungen, die den Weg für die Selbstentwicklung in verschiedenen Lebensbereichen weisen.

Selbstentfaltung: Die Reise zu einem besseren Selbst

1. Einleitung

In der Einleitung wird die Bedeutung der Selbstentfaltung als Reise zu einem besseren Selbst eingeführt. Es wird darauf hingewiesen, dass Selbstentfaltung ein Prozess der persönlichen Entwicklung ist, der es den Menschen ermöglicht, ihr volles Potenzial zu entfalten und ein erfüllteres Leben zu führen. Außerdem wird die Relevanz des Themas für das Wohlbefinden und die Lebenszufriedenheit betont, und es wird ein Überblick über die folgenden Kapitel gegeben, um die Leser auf die Reise zur Selbstentfaltung vorzubereiten.

2. Die Bedeutung der Selbstentfaltung

Selbstentfaltung ist ein wichtiger Prozess für persönliches Wachstum und Entwicklung. Es ermöglicht Menschen, ihr volles Potenzial zu entfalten und ein erfüllteres Leben zu führen. Durch Selbstentfaltung können Individuen ihre Stärken erkennen, persönliche Ziele setzen und positive Veränderungen in ihrem Leben herbeiführen. Es ist ein kontinuierlicher Prozess, der dazu beiträgt, ein tieferes Verständnis von sich selbst zu erlangen und die eigene Lebensqualität zu verbessern.

2.1. Definition und Konzepte

Die Selbstentfaltung bezieht sich auf den Prozess der persönlichen Entwicklung und des Wachstums. Es umfasst die bewusste Auseinandersetzung mit den eigenen Fähigkeiten, Interessen und Werten, sowie die Förderung von Selbstakzeptanz und Selbstverwirklichung. Konzepte wie Selbstverwirklichung, Selbstbestimmung und Selbstwirksamkeit spielen eine wichtige Rolle in der Definition von Selbstentfaltung und helfen dabei, den individuellen Weg zu einem erfüllteren Leben zu gestalten.

2.2. Historische Perspektiven

Historisch gesehen hat die Idee der Selbstentfaltung in verschiedenen Kulturen und Philosophien eine wichtige Rolle gespielt. Von der antiken griechischen Philosophie bis zur modernen Psychologie haben Denker und Gelehrte die Bedeutung der Selbstentfaltung betont. Der Fokus lag dabei auf der Entfaltung des eigenen Potenzials, der Suche nach persönlichem Glück und der Verwirklichung innerer Stärke. Diese historischen Perspektiven haben dazu beigetragen, die Konzepte und Praktiken der Selbstentfaltung zu formen, die auch heute noch relevant und bedeutend sind.

3. Die Vorteile der Selbstentfaltung

Die Selbstentfaltung bringt zahlreiche Vorteile mit sich, darunter eine gesteigerte Selbstwahrnehmung, Selbstakzeptanz und Selbstvertrauen. Indem man sich selbst besser versteht, kann man effektiver mit Stress umgehen und emotionale Stabilität erreichen. Zudem führt die Selbstentfaltung zu einem größeren Sinn für Lebenszufriedenheit und Wohlbefinden. Auf beruflicher Ebene kann sie zu einer verbesserten Leistungsfähigkeit, Kreativität und Motivation führen, während in zwischenmenschlichen Beziehungen ein gesteigertes Einfühlungsvermögen, empathisches Verhalten und konstruktive Konfliktlösungsfähigkeiten gefördert werden.

4. Psychologische Grundlagen der Selbstentfaltung

Die psychologischen Grundlagen der Selbstentfaltung umfassen verschiedene Aspekte, die das Verständnis und die Förderung des individuellen Wachstums beeinflussen. Dazu gehören Konzepte wie Selbstwahrnehmung, Selbstkonzept, Motivation und

Selbstregulation, die eng miteinander verbunden sind und einen umfassenden Rahmen für die persönliche Entwicklung bieten.

4.1. Selbstwahrnehmung und Selbstkonzept

Selbstwahrnehmung bezieht sich auf die Fähigkeit, sich selbst objektiv zu betrachten und ein Verständnis für die eigenen Fähigkeiten, Emotionen und Eigenschaften zu entwickeln. Das Selbstkonzept umfasst dann die individuelle Bewertung dieser Wahrnehmungen und bildet die Grundlage für das Selbstwertgefühl und das Verhalten in verschiedenen Situationen. Beide Konzepte sind entscheidend für die Selbstentfaltung und das Streben nach einem besseren Selbst.

4.2. Motivation und Zielsetzung

Motivation spielt eine zentrale Rolle bei der Selbstentfaltung, da sie den Antrieb und das Engagement für persönliches Wachstum und Veränderung beeinflusst. Die bewusste Setzung von Zielen, die mit den eigenen Werten und Interessen in Einklang stehen, kann einen positiven Einfluss auf das Streben nach Selbstentfaltung haben und die individuelle Entwicklung unterstützen.

4.3. Selbstregulation

Selbstregulation bezieht sich auf die Fähigkeit, Emotionen, Verhalten und Gedanken zu steuern, um die eigenen Ziele und Werte zu erreichen. Es umfasst auch die Fähigkeit, sich selbst zu motivieren, Hindernisse zu überwinden und Rückschläge zu bewältigen. Eine effektive Selbstregulation ist daher entscheidend für den Prozess der Selbstentfaltung und die Entwicklung eines besseren Selbst.

5. Die Rolle von Selbstentfaltung in verschiedenen Lebensbereichen

Die Selbstentfaltung spielt eine entscheidende Rolle in verschiedenen Lebensbereichen, da sie sowohl berufliche als auch persönliche Erfüllung ermöglicht. Durch Selbstentfaltung können Menschen ihre Fähigkeiten und Talente entfalten, um in ihrem Beruf erfolgreich zu sein und ihre Karriereziele zu erreichen. Darüber hinaus trägt die Selbstentfaltung auch maßgeblich zu positiven Beziehungen und sozialer Interaktion bei, da ein authentisches und selbstbewusstes Selbst den Aufbau von tiefen Verbindungen und zwischenmenschlichem Vertrauen erleichtert. In Bezug auf die Gesundheit und das Wohlbefinden fördert die Selbstentfaltung ein positives Selbstbild und stärkt die psychische Widerstandsfähigkeit, was sich wiederum auf das körperliche Wohlbefinden auswirkt.

5.1. Beruf und Karriere

In Bezug auf Beruf und Karriere kann Selbstentfaltung dazu beitragen, dass Einzelpersonen ihre beruflichen Ziele klar definieren, ihre Fähigkeiten und Kenntnisse weiterentwickeln und eine erfüllende Arbeitsumgebung schaffen. Durch Selbstentfaltung können sie ihre Kreativität und Innovationsfähigkeit steigern, was zu beruflichem Erfolg und Anerkennung führt. Außerdem hilft die Selbstentfaltung dabei, die Work-Life-Balance zu verbessern und ein Gefühl der Zufriedenheit und Erfüllung in der Berufswelt zu erreichen.

5.2. Beziehungen und soziale Interaktion

Selbstentfaltung spielt eine entscheidende Rolle bei der Entwicklung positiver Beziehungen und einer gesunden sozialen Interaktion. Indem Menschen an ihrer Selbstentfaltung arbeiten, werden sie selbstbewusster, authentischer und offener, was dazu beiträgt, tiefe und bedeutsame Verbindungen zu anderen aufzubauen. Die Fähigkeit, sich selbst zu entfalten, ermöglicht es auch, Konflikte konstruktiv zu lösen und gesunde zwischenmenschliche Beziehungen aufzubauen, die auf gegenseitigem Respekt und Verständnis basieren.

5.3. Gesundheit und Wohlbefinden

Die Selbstentfaltung hat einen starken Einfluss auf die Gesundheit und das Wohlbefinden, da sie dazu beiträgt, ein positives Selbstbild zu entwickeln und die psychische Widerstandsfähigkeit zu stärken. Durch Selbstentfaltung können Menschen lernen, mit Stress und emotionalen Herausforderungen besser umzugehen, was sich positiv auf ihre allgemeine Gesundheit auswirkt. Darüber hinaus fördert die Selbstentfaltung auch gesunde Gewohnheiten und einen bewussten Umgang mit körperlichen und mentalen Bedürfnissen, was zu einem ganzheitlichen Wohlbefinden beiträgt.

6. Methoden und Techniken zur Förderung der Selbstentfaltung

In diesem Abschnitt werden verschiedene Methoden und Techniken vorgestellt, die zur Förderung der Selbstentfaltung eingesetzt werden können. Dazu gehören Selbstreflexion und Tagebuchführung, Meditation und Achtsamkeit sowie kreative Ausdrucksformen. Diese Methoden dienen dazu, die Selbstwahrnehmung zu stärken, emotionale und kognitive Prozesse zu regulieren und das persönliche Wachstum zu fördern.

6.1. Selbstreflexion und Tagebuchführung

Selbstreflexion und Tagebuchführung sind wichtige Instrumente zur Förderung der Selbstentfaltung. Durch regelmäßige Selbstreflexion können persönliche Stärken und

Schwächen identifiziert, Ziele und Werte überprüft und neue Erkenntnisse gewonnen werden. Die Tagebuchführung ermöglicht es, Gedanken und Gefühle festzuhalten, den eigenen Entwicklungsprozess zu verfolgen und sich selbst besser kennenzulernen.

6.2. Meditation und Achtsamkeit

Meditation und Achtsamkeitstraining sind wirksame Methoden, um die Selbstentfaltung zu fördern. Durch regelmäßige Meditation kann die Aufmerksamkeit gestärkt, Stress reduziert und die emotionale Balance verbessert werden. Achtsamkeitsübungen helfen dabei, im gegenwärtigen Moment zu leben, die eigene Wahrnehmung zu schärfen und das Bewusstsein für die eigenen Bedürfnisse zu vertiefen.

6.3. Kreative Ausdrucksformen

Kreative Ausdrucksformen wie Malen, Schreiben, Tanzen oder Musik machen es möglich, Emotionen auszudrücken, innere Konflikte zu verarbeiten und neue Perspektiven zu entwickeln. Diese kreativen Aktivitäten fördern die Selbstentfaltung, indem sie kognitive Prozesse anregen, die Vorstellungskraft stimulieren und die persönliche Ausdrucksfähigkeit stärken.

7. Herausforderungen und Hindernisse auf dem Weg zur Selbstentfaltung

Der Weg zur Selbstentfaltung ist nicht immer einfach und birgt verschiedene Herausforderungen und Hindernisse. Es ist wichtig, sich bewusst zu werden, dass Selbstentfaltung ein Prozess ist und Rückschläge sowie Schwierigkeiten dazugehören. Es erfordert eine kontinuierliche Arbeit an sich selbst, um diese Hindernisse zu überwinden und sich weiterzuentwickeln.

7.1. Selbstzweifel und negative Glaubenssätze

Selbstzweifel und negative Glaubenssätze können die Selbstentfaltung behindern, indem sie das Vertrauen in die eigene Fähigkeiten und das Selbstwertgefühl mindern. Indem man sich bewusst wird, dass diese Glaubenssätze nicht der Realität entsprechen und aktiv daran arbeitet, diese zu verändern, kann man den Weg zur Selbstentfaltung erleichtern.

7.2. Zeit- und Ressourcenmangel

Zeitmangel und begrenzte Ressourcen können die Selbstentfaltung erschweren. Es ist wichtig, Prioritäten zu setzen und sich bewusst Zeit für die persönliche Entwicklung zu nehmen. Manchmal erfordert es auch kreative Lösungen, um mit begrenzten Ressourcen umzugehen und dennoch an der Selbstentfaltung zu arbeiten.

7.3. Widerstand aus dem Umfeld

Der Widerstand aus dem Umfeld kann eine weitere Hürde auf dem Weg zur Selbstentfaltung darstellen. Es ist möglich, dass andere Menschen Veränderungen und persönliches Wachstum skeptisch gegenüberstehen. Es ist wichtig, sich von negativem Einfluss zu distanzieren und ein unterstützendes Umfeld aufzubauen, um die eigene Selbstentfaltung voranzutreiben.

8. Selbstentfaltung im digitalen Zeitalter

Im digitalen Zeitalter haben sich neue Möglichkeiten für die Selbstentfaltung eröffnet. Online-Kurse, Selbsthilfe-Apps und digitale Tagebücher bieten individuelle Wege zur persönlichen Entwicklung. Soziale Medien können auch als Plattform genutzt werden, um sich mit Gleichgesinnten auszutauschen und Unterstützung zu finden. Andererseits birgt die ständige Verfügbarkeit von digitalen Geräten und die Informationsflut auch Herausforderungen. Die Fähigkeit zur Selbstregulation ist in einer Welt, die von digitalen Ablenkungen geprägt ist, besonders wichtig. Die Integration digitaler Tools in die Selbstentfaltung erfordert daher eine bewusste Nutzung, um deren Vorteile voll auszuschöpfen und gleichzeitig den negativen Auswirkungen entgegenzuwirken.

9. Ethik und Selbstentfaltung

Ethik spielt eine wesentliche Rolle bei der Selbstentwicklung, da es darauf ankommt, dass die gewählten Methoden und Ziele im Einklang mit moralischen Prinzipien stehen. Eine ethisch begründete Selbstentfaltung sollte darauf abzielen, nicht nur das persönliche Wachstum und Wohlergehen zu fördern, sondern auch das Wohl anderer zu berücksichtigen. Dies bedeutet, dass Selbstentfaltung nicht auf Kosten anderer gehen sollte und dass die eigenen Ziele und Handlungen moralisch vertretbar sind. Die Auseinandersetzung mit ethischen Fragen kann helfen, reflektierte Entscheidungen zu treffen und ein tieferes Verständnis für die Auswirkungen des eigenen Handelns zu entwickeln. Es gilt, ethische Prinzipien in die Selbstentfaltung zu integrieren, um eine nachhaltige persönliche Entwicklung zu gewährleisten.

10. Fazit und Ausblick

Zusammenfassend lässt sich festhalten, dass Selbstentfaltung ein lebenslanger Prozess ist, der sich positiv auf verschiedene Lebensbereiche auswirkt. Die Auseinandersetzung mit den psychologischen Grundlagen sowie die Anwendung von Methoden und Techniken zur Förderung der Selbstentfaltung sind von großer Bedeutung. Es ist wichtig, sich den Herausforderungen und Hindernissen bewusst zu werden und Strategien zu entwickeln, um ihnen zu begegnen. Der Einfluss des digitalen Zeitalters und die ethischen Aspekte sollten dabei nicht außer Acht gelassen werden. Ein Ausblick auf die Zukunft der Selbstentfaltung zeigt, dass sie weiterhin an Relevanz gewinnen wird, insbesondere vor dem Hintergrund eines zunehmend stressigen und schnelllebigen Lebensstils.

Persönliche Entwicklung: Schlüssel zur persönlichen und beruflichen Erfüllung

1. Einführung in das Thema

Die persönliche Entwicklung ist ein lebenslanger Prozess, der sich auf das Streben nach Selbstverbesserung und Wachstum in verschiedenen Bereichen des Lebens konzentriert. Sie umfasst die geistige, emotionale, physische und soziale Entwicklung einer Person. Dieser Prozess beinhaltet die Identifizierung von Stärken und Schwächen, die Festlegung von Zielen, die Entwicklung von Fähigkeiten und die Anpassung an neue Erfahrungen und Herausforderungen. Die persönliche Entwicklung kann zu einer sinnvolleren und erfüllteren Lebensweise führen.

1.1. Definitionen und Konzepte von persönlicher Entwicklung

Persönliche Entwicklung bezieht sich auf den Prozess der kontinuierlichen Selbstverbesserung, in dem eine Person ihr volles Potenzial entfaltet und optimale Lebensziele erreicht. Es beinhaltet die Entwicklung von Fähigkeiten, Eigenschaften und Wissen, um persönliche Zufriedenheit und beruflichen Erfolg zu erreichen. Konzepte von persönlicher Entwicklung umfassen Selbstreflexion, Selbstwahrnehmung, persönliches Wachstum, emotionale Intelligenz und Selbstmanagement. Es ist ein ganzheitlicher Ansatz, der darauf abzielt, das individuelle Wohlbefinden und die Lebensqualität zu steigern.

2. Die Bedeutung von persönlicher Entwicklung

Persönliche Entwicklung spielt eine entscheidende Rolle bei der Förderung des individuellen Wohlbefindens und der Lebenszufriedenheit. Sie ermöglicht es den Menschen, ihr volles Potenzial zu entfalten, ihre Stärken zu entwickeln und ihre Schwächen zu überwinden. Darüber hinaus trägt sie zur Steigerung der Resilienz bei und befähigt Einzelpersonen, mit den Herausforderungen des Lebens umzugehen und diese zu bewältigen.

2.1. Individuelle Vorteile

Die persönliche Entwicklung bietet individuelle Vorteile wie die Förderung der Selbstakzeptanz, Selbstverwirklichung und Selbstvertrauen. Indem Personen an ihrer persönlichen Entwicklung arbeiten, können sie ihre emotionalen und sozialen Fähigkeiten verbessern, positive Beziehungen aufbauen und ein tieferes Verständnis für sich selbst und andere gewinnen. Darüber hinaus können sie ihre Lebensziele klar definieren und ein sinnerfülltes Leben führen.

2.2. Berufliche Vorteile

Persönliche Entwicklung ist für beruflichen Erfolg von großem Vorteil, da sie zur Förderung von Führungsqualitäten, Konfliktlösungsfähigkeiten und Kommunikationsfertigkeiten beiträgt. Durch die kontinuierliche Verbesserung ihrer Fähigkeiten und Fertigkeiten können Einzelpersonen ihre Arbeitsleistung steigern, berufliche Aufstiegschancen erhöhen und sich in dynamischen Arbeitsumgebungen erfolgreich behaupten.

3. Psychologische Grundlagen der persönlichen Entwicklung

Die psychologischen Grundlagen der persönlichen Entwicklung umfassen verschiedene Aspekte, die das individuelle Wachstum und die Veränderung beeinflussen. Dies beinhaltet die Erforschung von Motivation, Emotionen, Denkprozessen und Verhaltensweisen. Durch das Verständnis dieser grundlegenden psychologischen Prinzipien können Menschen effektive Methoden zur Förderung ihrer persönlichen Entwicklung identifizieren und anwenden.

3.1. Selbstwahrnehmung und Selbstreflexion

Selbstwahrnehmung bezieht sich auf das bewusste Verständnis der eigenen Gedanken, Emotionen, Verhaltensweisen und Persönlichkeitsmerkmale. Selbstreflexion geht einen Schritt weiter und beinhaltet die kritische Analyse und Bewertung dieser Aspekte, um persönliches Wachstum zu fördern. Beide Konzepte sind entscheidend für die persönliche Entwicklung, da sie es den Individuen ermöglichen, sich besser kennenzulernen und Veränderungen gezielt anzustreben.

3.2. Selbstvertrauen und Selbstwertgefühl

Selbstvertrauen bezieht sich auf das Vertrauen in die eigenen Fähigkeiten, Entscheidungen und Handlungen. Ein gesundes Selbstwertgefühl hingegen umfasst das Bewusstsein über die eigene Selbstwirksamkeit und den eigenen Wert als Person. Beide Faktoren spielen eine wesentliche Rolle bei der persönlichen Entwicklung, da sie die Fähigkeit einer Person beeinflussen, Herausforderungen anzunehmen, Selbstzweifel zu überwinden und Wachstum zu fördern.

4. Persönlichkeitsmerkmale und -theorien

Persönlichkeitsmerkmale und -theorien spielen eine wichtige Rolle bei der persönlichen Entwicklung. Sie helfen uns, uns selbst besser zu verstehen und unsere Verhaltensweisen und Reaktionen zu erklären. Durch die Erforschung der

Persönlichkeitsmerkmale können wir auch an unseren Schwächen arbeiten und unsere Stärken weiterentwickeln, was wiederum zu einem gesünderen Selbstwertgefühl und einem positiven Selbstbild führen kann. Zudem können Persönlichkeitstheorien uns helfen, unser Verhalten in verschiedenen Situationen und Interaktionen mit anderen besser zu verstehen und zu modellieren.

4.1. Big Five Persönlichkeitsmerkmale

Die Big Five Persönlichkeitsmerkmale, auch bekannt als Fünf-Faktoren-Modell, umfassen die Dimensionen Neurotizismus, Extraversion, Offenheit für Erfahrungen, Verträglichkeit und Gewissenhaftigkeit. Diese Merkmale sind bedeutende Indikatoren für die Persönlichkeit eines Menschen und können Einblicke in Verhaltensweisen, Einstellungen und Reaktionen geben. Untersuchungen haben gezeigt, dass diese Persönlichkeitsmerkmale bei der Vorhersage von beruflichem Erfolg, zwischenmenschlichen Beziehungen und psychischem Wohlbefinden eine Rolle spielen.

4.2. Psychodynamische Persönlichkeitstheorien

Psychodynamische Persönlichkeitstheorien, die auf den Arbeiten von Sigmund Freud und anderen Psychoanalytikern basieren, konzentrieren sich auf die Rolle des Unbewussten und der inneren Konflikte in der Persönlichkeitsentwicklung. Diese Theorien betonen die Bedeutung der frühkindlichen Erfahrungen, der bewussten und unbewussten Motive und der familiären Einflüsse. Sie bieten Einblicke in das Verständnis von Persönlichkeitsstrukturen und Verhaltensweisen sowie in die Dynamik von Emotionen und zwischenmenschlichen Beziehungen.

5. Methoden und Techniken zur persönlichen Entwicklung

Bei der persönlichen Entwicklung gibt es verschiedene Methoden und Techniken, die angewendet werden können, um Fortschritte zu erzielen. Dazu gehören zum Beispiel kognitive Verhaltenstherapie, Selbstreflexion, Selbst-Coaching, Zeitmanagement, Stressmanagement und Entspannungstechniken. Diese Methoden und Techniken können individuell angepasst werden, um die spezifischen Bedürfnisse und Ziele der Person zu berücksichtigen.

5.1. Ziele setzen und verfolgen

Die Fähigkeit, klare Ziele zu setzen und sie konsequent zu verfolgen, ist ein wichtiges Element der persönlichen Entwicklung. Um Ziele wirksam zu erreichen, ist es hilfreich, sie konkret und messbar zu formulieren. Außerdem sollten Zwischenziele definiert werden, um den Fortschritt zu verfolgen. Die Umsetzung von Zielen erfordert auch eine gewisse Disziplin und Einsatzbereitschaft, um Hindernisse zu überwinden und die Motivation aufrechtzuerhalten.

5.2. Mentoring und Coaching

Mentoring und Coaching sind unterstützende Maßnahmen, die bei der persönlichen Entwicklung helfen können. Mentoring bezieht sich auf die Anleitung und Unterstützung durch eine erfahrene Person, die als Vorbild fungiert und wertvolle Ratschläge gibt. Coaching hingegen konzentriert sich auf die individuelle Arbeit mit einem professionellen Coach, um bestimmte Ziele zu erreichen und die persönliche Entwicklung zu fördern. Beide Methoden bieten eine externe Perspektive und zusätzliche Unterstützung auf dem Weg zur persönlichen und beruflichen Erfüllung.

6. Emotionale Intelligenz und soziale Kompetenzen

Emotionale Intelligenz und soziale Kompetenzen spielen eine wichtige Rolle in der persönlichen Entwicklung. Die Fähigkeit, Emotionen zu erkennen, zu verstehen und angemessen damit umzugehen, ist entscheidend für erfolgreiche zwischenmenschliche Beziehungen. Darüber hinaus tragen soziale Kompetenzen zur positiven Gestaltung des sozialen Umfelds bei und helfen, Konflikte zu vermeiden oder zu lösen. Die Entwicklung und Pflege dieser Fähigkeiten sind daher entscheidend für das persönliche und berufliche Wachstum.

6.1. Empathie und Mitgefühl

Empathie und Mitgefühl sind wichtige Bestandteile der emotionalen Intelligenz und sozialen Kompetenzen. Die Fähigkeit, sich in die Gefühle und Perspektiven anderer hineinversetzen zu können, trägt maßgeblich zu gelungenen zwischenmenschlichen Beziehungen bei. Mitgefühl ermöglicht es, Empathie in Handlungen umzusetzen und anderen zu helfen. Besonders im beruflichen Umfeld sind diese Fähigkeiten von großer Bedeutung, da sie das Teamwork stärken und zu einem positiven Arbeitsklima beitragen.

6.2. Konfliktlösung und Kommunikation

Effektive Konfliktlösung und Kommunikation sind essentiell für den Umgang mit anderen Menschen in verschiedenen Situationen. Die Fähigkeit, Konflikte konstruktiv zu lösen und dabei die Bedürfnisse aller Beteiligten zu berücksichtigen, fördert ein harmonisches soziales Umfeld und beugt langfristigen negativen Auswirkungen vor. Zudem ist eine klare und verständliche Kommunikation ein wichtiger Bestandteil erfolgreicher zwischenmenschlicher Beziehungen und fördert das gegenseitige Verständnis und die Zusammenarbeit.

7. Resilienz und Stressbewältigung

Resilienz ist die Fähigkeit, schwierige Lebenssituationen zu bewältigen und gestärkt daraus hervorzugehen. Dabei spielen verschiedene Bewältigungsstrategien eine wichtige Rolle, wie beispielsweise die positive Neubewertung von Stressoren, die Suche nach sozialer Unterstützung und die Entwicklung von Problemlösungsfertigkeiten. Zudem ist es entscheidend, einen gesunden Lebensstil zu pflegen, der ausreichende Erholung, Ernährung und körperliche Aktivität umfasst.

7.1. Bewältigungsstrategien

Bewältigungsstrategien sind unterschiedliche Methoden, um mit Stress und Belastungen umzugehen. Dazu gehören kognitive Strategien wie die Veränderung der Perspektive und die Suche nach Lösungen, genauso wie emotionale Strategien, die das Ausdrücken von Gefühlen und die Suche nach sozialer Unterstützung beinhalten. Des Weiteren sind Verhaltensstrategien wichtig, wie beispielsweise die Förderung eines gesunden Lebensstils und die Planung von Auszeiten zur Erholung.

7.2. Achtsamkeit und Meditation

Achtsamkeit und Meditation sind wirksame Instrumente zur Stressbewältigung und zur Förderung psychischer Resilienz. Durch gezielte Achtsamkeitsübungen kann die Fähigkeit entwickelt werden, im gegenwärtigen Moment präsent zu sein und stressige Gedanken loszulassen. Meditationstechniken unterstützen die Entspannung und stärken die mentale Widerstandsfähigkeit, sowie das emotionale Gleichgewicht.

8. Ethik und Werte in der persönlichen Entwicklung

Die Integration von Ethik und Werten in die persönliche Entwicklung ist entscheidend, um eine solide Grundlage für moralisches Handeln zu schaffen. Es geht darum, bewusste Entscheidungen zu treffen, die auf einem fundierten Verständnis von Moral und Werten basieren. Ethik und Werte beeinflussen nicht nur das individuelle Verhalten, sondern auch die Art und Weise, wie man mit anderen interagiert und Beziehungen aufbaut. Daher ist es wichtig, sich mit moralischen Dilemmata auseinanderzusetzen und einen ethischen Kompass zu entwickeln, der als Leitfaden für das persönliche Handeln dient.

8.1. Moralische Reflexion

Die moralische Reflexion ist ein wesentlicher Bestandteil der persönlichen Entwicklung, da sie dazu beiträgt, die inneren Werte und moralischen Überzeugungen zu hinterfragen und zu klären. Durch die kritische Auseinandersetzung mit ethischen Fragen und dem eigenen Verhalten ist es möglich, moralische Reife zu erlangen. Dies ermöglicht eine bewusstere und reflektiertere Lebensführung, die auf moralischen Prinzipien beruht und die Fähigkeit zur ethischen Entscheidungsfindung stärkt.

8.2. Integrität und Authentizität

Integrität und Authentizität sind zentrale Komponenten der persönlichen Entwicklung, die auf einem ehrlichen und konsistenten Verhalten basieren. Integrität beinhaltet die Kohärenz zwischen den eigenen Werten und dem tatsächlichen Verhalten, während Authentizität die Fähigkeit zur Selbstreflexion und Selbstausdruck bedeutet. Beide

Aspekte fördern ein Gefühl von Ganzheit und Kohärenz in der Persönlichkeit, was wiederum zu einem authentischen und erfüllten Leben beiträgt.

9. Persönliche Entwicklung im digitalen Zeitalter

Im digitalen Zeitalter ergeben sich neue Möglichkeiten für die persönliche Entwicklung. Die ständige Verfügbarkeit von Informationen und Wissen bietet die Chance, sich kontinuierlich weiterzubilden und neue Fähigkeiten zu erwerben. Darüber hinaus ermöglichen digitale Plattformen den Austausch mit Gleichgesinnten und Experten, was zu einem breiteren Verständnis und neuen Perspektiven führen kann. Es ist jedoch wichtig, das Potenzial der digitalen Welt bewusst zu nutzen und kritisch zu hinterfragen, um eine nachhaltige persönliche Entwicklung zu gewährleisten.

9.1. Online-Ressourcen und Apps zur Selbstverbesserung

Der Markt für Online-Ressourcen und Apps zur Selbstverbesserung wächst stetig. Von Meditation und Achtsamkeitsübungen bis hin zu Sprachkursen und Coaching-Programmen gibt es eine Vielzahl von Tools, die die persönliche Entwicklung unterstützen. Diese digitalen Ressourcen bieten Flexibilität und Zugänglichkeit, was es den Nutzern ermöglicht, in ihrem eigenen Tempo und nach ihren individuellen Bedürfnissen zu lernen und zu wachsen. Bei der Auswahl von Online-Ressourcen und Apps ist es jedoch wichtig, auf die Qualität und Glaubwürdigkeit der Inhalte zu achten, um effektive Ergebnisse zu erzielen.

10. Persönliche Entwicklung im interkulturellen Kontext

Die persönliche Entwicklung im interkulturellen Kontext bezieht sich auf die Fähigkeit, in einer vielfältigen und globalisierten Welt erfolgreich zu wachsen und zu gedeihen. Es beinhaltet die Anerkennung und Wertschätzung kultureller Vielfalt sowie das Verständnis für verschiedene Perspektiven und Lebensweisen. Dies erfordert die Fähigkeit, sich in unterschiedlichen kulturellen Umgebungen anzupassen, interkulturelle Kompetenz aufzubauen und den Umgang mit kulturellen Unterschieden zu meistern. Es bedeutet auch, die Chancen und Herausforderungen zu erkennen, die sich aus einem interkulturellen Umfeld ergeben, und die Fähigkeit zu entwickeln, in dieser komplexen und dynamischen Umgebung erfolgreich zu sein.

10.1. Diversität und Inklusion

In Bezug auf persönliche Entwicklung beinhaltet Diversität die Anerkennung, Wertschätzung und Integration von Menschen mit unterschiedlichem kulturellem, ethnischen, sozialen und persönlichen Hintergrund. Es erfordert das Bewusstsein für die Vielfalt und das Bemühen, eine inklusive Umgebung zu schaffen, in der jeder Einzelne respektiert und unterstützt wird. Inklusion hingegen bedeutet, Menschen aktiv einzubeziehen, unabhängig von ihren Unterschieden, und ihnen die Möglichkeit zu geben, ihr volles Potenzial zu entfalten. Die Förderung von Diversität und Inklusion ist ein wichtiger Bestandteil der persönlichen Entwicklung im interkulturellen Kontext und trägt maßgeblich zur persönlichen und beruflichen Erfüllung in einer vielfältigen Welt bei.

11. Persönliche Entwicklung im Bildungssystem

Persönliche Entwicklung im Bildungssystem bezieht sich auf die Integration von Fähigkeiten und Werten, die Schülerinnen und Schüler befähigen, ihr volles Potenzial zu entfalten. Dies umfasst sowohl akademische als auch persönliche Wachstumsziele, die in Lehrplänen und pädagogischen Methoden berücksichtigt werden. Ein ganzheitlicher Ansatz, der kritisches Denken, Selbstreflexion und soziale Kompetenzen fördert, ist integral für die persönliche Entwicklung im Bildungssystem. Damit wird eine starke Grundlage geschaffen, auf der Schülerinnen und Schüler ihre persönlichen und beruflichen Ziele aufbauen können.

11.1. Lebenslanges Lernen

Lebenslanges Lernen ist ein wesentlicher Bestandteil der persönlichen Entwicklung, der über formale Bildungseinrichtungen hinausgeht. Dieser Prozess umfasst den kontinuierlichen Erwerb neuer Fähigkeiten, Kenntnisse und Einstellungen, die den sich ständig verändernden Anforderungen des Lebens gerecht werden. Es geht darum, offen zu bleiben für neue Wege des Denkens und Handelns, kreativ zu bleiben und sich den Herausforderungen des Lebens zu stellen. Lebenslanges Lernen trägt zur beruflichen Anpassungsfähigkeit, persönlichen Erfüllung und geistigen Gesundheit bei und ist ein unverzichtbarer Bestandteil der persönlichen Entwicklung.

12. Persönliche Entwicklung und Nachhaltigkeit

Persönliche Entwicklung und Nachhaltigkeit gehen Hand in Hand, da ein bewusster Umgang mit Ressourcen und Umweltbelangen ein wichtiger Teil der persönlichen Entwicklung ist. Nachhaltigkeit beinhaltet die Fähigkeit, Verantwortung für die Umwelt und die Gesellschaft zu übernehmen, und trägt somit zur ganzheitlichen Entwicklung einer Person bei. Indem man sich bewusst für umweltfreundliche Praktiken einsetzt, fördert man nicht nur die eigene persönliche Entwicklung, sondern leistet auch einen positiven Beitrag zur Umwelt und zur Gesellschaft.

12.1. Umweltbewusstsein und soziale Verantwortung

Umweltbewusstsein und soziale Verantwortung sind wesentliche Bestandteile der persönlichen Entwicklung, da sie dazu beitragen, das Bewusstsein für Umweltfragen und soziale Belange zu schärfen. Durch die Förderung von Umweltbewusstsein und sozialer Verantwortung erlangt eine Person nicht nur ein tieferes Verständnis für die Zusammenhänge von Umwelt und Gesellschaft, sondern trägt auch aktiv zu positiven

Veränderungen bei. Dies kann dazu beitragen, einen ganzheitlichen Ansatz zur persönlichen Entwicklung zu fördern, der nicht nur das eigene Wachstum, sondern auch das Wohl anderer und der Umwelt berücksichtigt.

13. Zusammenfassung und Ausblick

In der Zusammenfassung wird deutlich, dass persönliche Entwicklung ein lebenslanger Prozess ist, der individuelle und berufliche Vorteile bietet. Es wurden verschiedene psychologische Grundlagen, Persönlichkeitsmerkmale und -theorien sowie Methoden und Techniken zur persönlichen Entwicklung behandelt. Zudem wurde die Bedeutung von emotionaler Intelligenz, sozialen Kompetenzen, Resilienz, Ethik und Werte diskutiert. Des Weiteren wurde auf die Rolle der persönlichen Entwicklung im digitalen Zeitalter, im interkulturellen Kontext, im Bildungssystem und in Bezug auf Nachhaltigkeit eingegangen. Ein Ausblick zeigt, dass die persönliche Entwicklung auch in Zukunft einen zentralen Stellenwert einnehmen wird und sich ständig weiterentwickelt, um den Anforderungen der modernen Welt gerecht zu werden.

Selbstverbesserung: Strategien zur Weiterentwicklung und Selbstoptimierung

1. Einleitung

Die Selbstverbesserung ist ein Thema von zunehmender Bedeutung in der modernen Gesellschaft, da sie den individuellen Wunsch nach persönlicher Entwicklung und Optimierung widerspiegelt. In einer Welt, die von ständigem Wandel und wachsenden Anforderungen geprägt ist, suchen Menschen aktiv nach Möglichkeiten, um ihre Fähigkeiten zu erweitern und ihr Wohlbefinden zu steigern. Diese Einführung befasst sich mit den psychologischen Grundlagen, Strategien und ethischen Aspekten der Selbstverbesserung, um ein umfassendes Verständnis für dieses Thema zu vermitteln.

1.1. Bedeutung von Selbstverbesserung in der modernen Gesellschaft

Die Bedeutung von Selbstverbesserung in der modernen Gesellschaft liegt in der Notwendigkeit, mit den Herausforderungen und Veränderungen des modernen Lebensstils Schritt zu halten. Individuen streben danach, ihre Fähigkeiten zu verbessern, ihre Ziele zu erreichen und ein erfüllteres Leben zu führen. Selbstverbesserung dient auch dazu, persönliche Wachstumschancen zu erkennen und das Selbstbewusstsein zu stärken, was wiederum zu einem positiven Beitrag für die Gesellschaft als Ganzes führen kann. Daher ist es von entscheidender Bedeutung, die Bedeutung und Auswirkungen von Selbstverbesserung in der modernen Gesellschaft zu verstehen.

2. Psychologische Grundlagen der Selbstverbesserung

Die psychologischen Grundlagen der Selbstverbesserung beinhalten das Verständnis von Motivation und Zielsetzung. Motivation ist der treibende Faktor, der Menschen dazu veranlasst, bestimmte Ziele zu erreichen und Veränderungen vorzunehmen. Sie kann intrinsisch oder extrinsisch sein, wobei intrinsische Motivation von inneren Bedürfnissen und Werten getrieben wird, während extrinsische Motivation durch externe Belohnungen oder Verstärkungen entsteht. Die Zielsetzung spielt ebenfalls eine entscheidende Rolle bei der Selbstverbesserung, da klare und realistische Ziele dazu beitragen, die Motivation aufrechtzuerhalten und den Fortschritt zu überwachen. Indem Menschen lernen, ihre Motivation zu verstehen und sich realistische Ziele zu setzen, legen sie den Grundstein für ihre persönliche Entwicklung.

2.1. Motivation und Zielsetzung

Motivation und Zielsetzung sind zentrale Elemente bei der Selbstverbesserung. Motivation kann durch intrinsische Faktoren wie persönliche Interessen, Werte und Bedürfnisse oder durch externe Anreize wie Anerkennung oder Belohnungen entstehen. Effektive Zielsetzung umfasst das Festlegen spezifischer, messbarer, erreichbarer, relevanter und zeitgebundener Ziele (SMART). Indem Menschen klare und realistische Ziele setzen, können sie ihre Motivation aufrechterhalten und einen klaren Weg zur Selbstverbesserung verfolgen. Die reflektierte Auseinandersetzung mit eigenen Zielen und Motiven bildet somit die Grundlage für erfolgreiche Weiterentwicklung und Selbstoptimierung.

3. Strategien zur Selbstoptimierung

Um sich selbst zu verbessern, ist es wichtig, konkrete Strategien zur Selbstoptimierung zu entwickeln. Es geht darum, bewusst an den eigenen Schwächen zu arbeiten und die Stärken gezielt auszubauen. Selbstverbesserung erfordert einen klaren Aktionsplan, um langfristige Veränderungen zu erreichen und die persönliche Entwicklung voranzutreiben.

3.1. Selbstreflexion und Selbstbewusstsein

Selbstreflexion und Selbstbewusstsein bilden die Grundlage für jede Art von Selbstoptimierung. Durch regelmäßige Selbstreflexion kann man sich seiner eigenen Bedürfnisse, Ziele und Werte bewusst werden. Dieses Bewusstsein ermöglicht es, gezielt an der eigenen Entwicklung zu arbeiten und die persönlichen Potenziale voll auszuschöpfen.

3.2. Zeitmanagement und Produktivität

Effektives Zeitmanagement und eine hohe Produktivität sind entscheidend für die Selbstoptimierung. Durch die bewusste und effiziente Nutzung der Zeit können mehr

Ressourcen für persönliches Wachstum und Entwicklung freigesetzt werden. Strategien wie die Priorisierung von Aufgaben, die Vermeidung von Zeitverschwendung und die Schaffung von Strukturen helfen dabei, die eigene Produktivität zu steigern.

4. Körperliche Selbstoptimierung

Körperliche Selbstoptimierung spielt eine wichtige Rolle bei der persönlichen Entwicklung. Eine gesunde Ernährung und regelmäßige körperliche Aktivität sind entscheidend, um das körperliche Wohlbefinden zu erhalten. Dazu gehört eine ausgewogene Ernährung, die alle notwendigen Nährstoffe wie Proteine, Kohlenhydrate, Fette, Vitamine und Mineralien enthält. Der Sport bietet eine Vielzahl von Vorteilen, darunter die Stärkung des Herz-Kreislauf-Systems, die Verbesserung der körperlichen Leistungsfähigkeit und die Reduzierung des Risikos für verschiedene chronische Krankheiten. Es ist wichtig, eine Sportart zu wählen, die Spaß macht und zu den eigenen Interessen und Bedürfnissen passt.

4.1. Ernährung und Sport

Ernährung und Sport sind Schlüsselfaktoren für die körperliche Gesundheit und Selbstoptimierung. Eine ausgewogene Ernährung, bestehend aus frischen Lebensmitteln wie Gemüse, Obst, Vollkornprodukten, magerem Protein und gesunden Fetten, liefert dem Körper die notwendigen Nährstoffe und Energie. Regelmäßige körperliche Aktivität, sei es Ausdauer-, Kraft- oder Flexibilitätstraining, trägt zur Stärkung des Körpers bei und verbessert das allgemeine Wohlbefinden. Es ist wichtig, eine Ernährungsweise und Sportroutine zu finden, die langfristig umsetzbar ist und Freude bereitet, um langfristige positive Veränderungen zu bewirken.

5. Mentale Selbstoptimierung

Die mentale Selbstoptimierung befasst sich mit der Entwicklung und Stärkung des Geistes. Durch gezielte mentale Übungen und Techniken kann die innere Stärke, Konzentration und Resilienz gesteigert werden. Dies ermöglicht eine bessere Bewältigung von Stress, Druck und Herausforderungen im Alltag. Zudem kann mentale Selbstoptimierung dabei helfen, negative Denkmuster zu erkennen und zu überwinden, um ein positiveres Mindset zu entwickeln.

5.1. Meditation und Achtsamkeit

Meditation und Achtsamkeit sind bewährte Methoden, um die mentale Gesundheit zu fördern. Durch regelmäßige Meditation kann die Konzentration gestärkt, Stress reduziert und die emotionale Ausgeglichenheit verbessert werden. Darüber hinaus ermöglicht Achtsamkeit eine bewusstere Wahrnehmung des eigenen Körpers, Gedanken und Gefühle, was zu einem tieferen Verständnis der eigenen Bedürfnisse und Emotionen führen kann. Beide Praktiken sind ein integraler Bestandteil der mentalen

Selbstoptimierung und können langfristig zu mehr innerer Harmonie und Ausgeglichenheit führen.

6. Soziale Selbstoptimierung

Soziale Selbstoptimierung befasst sich mit der Verbesserung unserer sozialen Fähigkeiten und Beziehungen. Dies kann die Entwicklung von Empathie, Einfühlungsvermögen und Teamfähigkeit umfassen. Durch die Stärkung sozialer Kompetenzen können wir harmonischere zwischenmenschliche Beziehungen aufbauen, Konflikte effektiver lösen und unsere Kommunikationsfähigkeiten verbessern.

6.1. Kommunikation und zwischenmenschliche Beziehungen

Die Kommunikation und zwischenmenschlichen Beziehungen sind entscheidend für unser Wohlbefinden und unseren Erfolg im persönlichen und beruflichen Leben. In diesem Abschnitt werden verschiedene Strategien zur Verbesserung der Kommunikationsfähigkeiten und zur Pflege von zwischenmenschlichen Beziehungen behandelt. Dies umfasst Themen wie aktives Zuhören, klare und respektvolle Kommunikation, Konfliktlösung und den Aufbau von Vertrauen in Beziehungen.

7. Ethik und Grenzen der Selbstoptimierung

Bei der Selbstoptimierung ist es wichtig, ethische Prinzipien zu berücksichtigen, um sicherzustellen, dass die angestrebten Verbesserungen im Einklang mit moralischen Werten stehen. Es ist unerlässlich, sich bewusst zu machen, dass Selbstoptimierung auch Grenzen hat. Es ist entscheidend, realistische Ziele zu setzen und sich nicht in einen ungesunden Perfektionismus zu verstricken. Auch sollte darauf geachtet werden, dass die angestrebten Verbesserungen nicht auf Kosten anderer gehen oder die eigene Gesundheit gefährden. Die kritische Reflexion über die Motivation zur Selbstoptimierung und die potenziellen Auswirkungen auf das eigene Leben und das Leben anderer ist von großer Bedeutung.

8. Zusammenfassung und Ausblick

In der Zusammenfassung wird auf die verschiedenen Strategien zur Selbstverbesserung eingegangen und ihre Bedeutung für die moderne Gesellschaft hervorgehoben. Es werden die psychologischen Grundlagen der Selbstverbesserung, wie Motivation, Zielsetzung, Selbstreflexion und Selbstbewusstsein, sowie Zeitmanagement und Produktivität, körperliche Selbstoptimierung durch Ernährung und Sport, mentale Selbstoptimierung durch Meditation und Achtsamkeit, und soziale Selbstoptimierung durch Kommunikation und zwischenmenschliche Beziehungen zusammengefasst. Außerdem werden die ethischen Aspekte und Grenzen der Selbstoptimierung diskutiert. Im Ausblick wird darauf eingegangen, wie diese Strategien zur Weiterentwicklung in

Zukunft weiterentwickelt und angewendet werden können, um den ständig wachsenden Anforderungen der modernen Gesellschaft gerecht zu werden.

Eigenentwicklung: Wege zur Entfaltung des eigenen Potenzials

1. Einleitung

Die Einleitung des Buches "Eigenentwicklung: Wege zur Entfaltung des eigenen Potenzials" gibt einen Überblick über die zentralen Themen, die im weiteren Verlauf behandelt werden. Es wird erläutert, warum die persönliche Eigenentwicklung von großer Bedeutung ist und welchen Nutzen sie für das individuelle Potenzial und die persönliche Entfaltung bringt. Zudem werden die Ziele und die Struktur des Buches vorgestellt, um den Lesern einen klaren Leitfaden zu bieten, wie sie ihr eigenes Potenzial voll ausschöpfen können.

2. Kapitel 1: Die Bedeutung von Eigenentwicklung

Eigenentwicklung bezieht sich auf den Prozess der Entfaltung und Optimierung des eigenen Potenzials in verschiedenen Lebensbereichen. Dieser umfasst persönliche, berufliche, kreative und soziale Aspekte. Es ist ein lebenslanger Prozess, der individuelle Ziele, Werte und Interessen berücksichtigt. Eigenentwicklung führt zu einer ganzheitlichen Persönlichkeitsentwicklung und ermöglicht es, die eigene Lebensqualität zu verbessern und ein erfülltes Leben zu führen.

2.1. 1.1 Definition und Konzept

Die Definition von Eigenentwicklung umfasst die bewusste und kontinuierliche Arbeit an sich selbst, um das individuelle Potenzial zu entfalten und persönliche Ziele zu erreichen. Das Konzept beinhaltet die Selbstverantwortung, Selbstreflexion und Selbstwahrnehmung als wichtige Elemente, um den Prozess der Eigenentwicklung zu initiieren und voranzutreiben.

2.2. 1.2 Warum ist Eigenentwicklung wichtig?

Eigenentwicklung ist wichtig, da sie es jedem ermöglicht, sein eigenes Potenzial zu entfalten und ein erfülltes Leben zu führen. Sie fördert die persönliche und berufliche Entwicklung, stärkt das Selbstbewusstsein, verbessert die Lebensqualität und führt zu einem höheren Maß an Zufriedenheit und Erfüllung. Darüber hinaus ermöglicht Eigenentwicklung eine bessere Bewältigung von Herausforderungen, Veränderungen und Rückschlägen im Leben.

3. Kapitel 2: Selbstreflexion als Ausgangspunkt

Selbstreflexion ist ein wesentlicher Ausgangspunkt für die Entwicklung des eigenen Potenzials. Sie ermöglicht es, sich selbst besser zu verstehen, persönliche Stärken und Schwächen zu identifizieren und den eigenen Lebensweg bewusst zu gestalten. Durch Selbstreflexion können individuelle Ziele und Werte überdacht werden, um eine klare Richtung für die persönliche Entwicklung zu schaffen.

3.1. 2.1 Die Rolle der Selbstreflexion

Die Rolle der Selbstreflexion liegt darin, dass sie dazu beiträgt, Selbstbewusstsein zu schaffen und die persönlichen Fähigkeiten besser zu erkennen. Sie ermöglicht es, eigene Verhaltensmuster und Denkweisen zu hinterfragen, um ein tieferes Verständnis für sich selbst zu erlangen. Durch die kritische Auseinandersetzung mit eigenen Gefühlen, Gedanken und Handlungen können gezielt Veränderungen angestoßen werden, um das eigene Potenzial voll auszuschöpfen.

3.2. 2.2 Methoden der Selbstreflexion

Es gibt verschiedene Methoden der Selbstreflexion, die individuell angewandt werden können. Dazu gehören das Führen eines Reflexionstagebuchs, regelmäßige Meditations- oder Achtsamkeitsübungen, aber auch der Austausch mit Vertrauenspersonen oder die Nutzung von Coaching-Angeboten. Diese Methoden dienen dazu, die Selbstwahrnehmung zu schärfen, eigene Denkmuster zu erkennen und die persönliche Entwicklung bewusst zu steuern.

4. Kapitel 3: Persönlichkeitsentwicklung durch Selbstwahrnehmung

In diesem Kapitel geht es darum, wie Selbstwahrnehmung zur Persönlichkeitsentwicklung beitragen kann. Durch die Identifizierung von Stärken und Schwächen können wir an uns arbeiten und uns weiterentwickeln. Dabei ist es wichtig, ehrlich zu sich selbst zu sein und sich bewusst zu machen, was man gut kann und wo man noch Schwächen hat. Denn nur so kann man gezielt an sich arbeiten, um sich persönlich weiterzuentwickeln.

4.1. 3.1 Stärken und Schwächen identifizieren

Die Identifikation von Stärken und Schwächen ist ein wichtiger Schritt auf dem Weg zur Persönlichkeitsentwicklung. Es ermöglicht uns, uns selbst besser kennenzulernen und zu verstehen, was uns ausmacht. Stärken können uns dabei helfen, uns weiterzuentwickeln und erfolgreich zu sein, während Schwächen Bereiche sind, an denen wir arbeiten können, um uns zu verbessern. Durch die Identifikation dieser Punkte können wir gezielt an uns arbeiten und unser Potenzial entfalten.

4.2. 3.2 Persönlichkeitsmerkmale und -typen

Die Auseinandersetzung mit Persönlichkeitsmerkmalen und -typen hilft uns, uns selbst und andere besser zu verstehen. Es gibt verschiedene Modelle und Theorien, die uns dabei unterstützen, unsere eigene Persönlichkeit zu analysieren und einzuordnen. Indem wir unsere Persönlichkeitsmerkmale und -typen erkennen, können wir unsere Stärken und Schwächen besser einschätzen und an uns arbeiten. Dies ist ein wichtiger Aspekt der Persönlichkeitsentwicklung durch Selbstwahrnehmung.

5. Kapitel 4: Selbstmanagement und Zeitmanagement

Effektive Zeitplanung ist essentiell für ein erfolgreiches Selbstmanagement und die Entwicklung des eigenen Potenzials. Indem man klare Ziele definiert und realistische Zeitrahmen setzt, kann man effizienter arbeiten und sich besser auf die Aufgaben konzentrieren. Die Verwendung von Tools wie Kalendern oder To-Do-Listen kann dabei helfen, den Tag zu strukturieren und Zeit für wichtige Aktivitäten zu reservieren.

5.1. 4.1 Effektive Zeitplanung

Effektive Zeitplanung beinhaltet die Priorisierung von Aufgaben basierend auf ihrer Dringlichkeit und Wichtigkeit. Durch die Anwendung von Zeitmanagement-Methoden wie der Eisenhower-Matrix oder der ALPEN-Methode kann man sich auf die entscheidenden Aufgaben fokussieren und Zeit für die Umsetzung reservieren. Zudem sollte man regelmäßige Pausen einplanen, um produktiv zu bleiben und Stress zu reduzieren.

5.2. 4.2 Priorisierung von Aufgaben

Die Priorisierung von Aufgaben ist ein zentraler Bestandteil des Selbstmanagements und Zeitmanagements. Indem man die wichtigsten und dringendsten Aufgaben zuerst angeht, kann man sicherstellen, dass die Zeit effektiv genutzt wird. Es ist wichtig, die persönlichen Ziele und die langfristige Vision im Auge zu behalten, um die Aufgaben entsprechend zu priorisieren und das eigene Potenzial bestmöglich zu entfalten.

6. Kapitel 5: Kommunikation und soziale Kompetenzen

Die Entwicklung verbaler und non-verbaler Kommunikationsfähigkeiten ist entscheidend für die persönliche und berufliche Entwicklung. Verbale Kommunikation bezieht sich auf die bewusste Verwendung von Wörtern und Sprache, während non-verbale Kommunikation Gesten, Mimik, Körperhaltung und Tonfall umfasst. Es ist wichtig, beide Formen der Kommunikation zu beherrschen, um klare Botschaften zu senden und aufmerksames Zuhören zu fördern. Ein hoher Stellenwert sollte auch der non-verbalen Kommunikation eingeräumt werden, da diese oft mehr über die tatsächlichen Gefühle und Absichten einer Person aussagt als die verbalen Aussagen.

6.1. 5.1 Verbale und non-verbale Kommunikation

Verbale Kommunikation bezieht sich auf die bewusste Verwendung von Wörtern und Sprache, während non-verbale Kommunikation Gesten, Mimik, Körperhaltung und Tonfall umfasst. Eine klare und verständliche verbale Kommunikation ist wichtig, um Informationen effektiv zu vermitteln, während non-verbale Signale oft unbewusst Informationen über Gefühle und Einstellungen preisgeben. Die Fähigkeit, beide Formen der Kommunikation bewusst einzusetzen und zu interpretieren, trägt wesentlich zur erfolgreichen zwischenmenschlichen Interaktion bei und ist daher ein wichtiger Bestandteil der sozialen Kompetenzen.

6.2. 5.2 Konfliktmanagement

Konflikte sind ein natürlicher Bestandteil des menschlichen Zusammenlebens und können sich sowohl im privaten als auch im beruflichen Umfeld zeigen. Ein effektives Konfliktmanagement ist daher entscheidend für eine positive und konstruktive Zusammenarbeit. Dies beinhaltet die Fähigkeit, Konflikte frühzeitig zu erkennen, konstruktiv anzusprechen und nach Lösungen zu suchen, die für alle Beteiligten akzeptabel sind. Durch die Entwicklung von Konfliktmanagementfähigkeiten können Beziehungen gestärkt, Missverständnisse vermieden und ein positiver Umgang mit Unterschieden gefördert werden.

7. Kapitel 6: Kreativität und Innovation

Kreativität und Innovation spielen eine entscheidende Rolle bei der Eigenentwicklung, da sie es ermöglichen, neue Wege zu erkunden und das eigene Potenzial zu entfalten. Kreativität beinhaltet die Fähigkeit, bestehende Ideen zu hinterfragen, neue Lösungsansätze zu entwickeln und innovative Konzepte zu gestalten. Dabei ist es wichtig, auch unkonventionelle Wege zu verfolgen und sich von gewohnten Denkmustern zu lösen. Innovation bedeutet, diese kreativen Ideen erfolgreich in die Praxis umzusetzen und dadurch einen Mehrwert zu schaffen. Sowohl Kreativität als auch Innovation können durch gezielte Techniken und Methoden gefördert werden, wie beispielsweise Brainstorming, Design Thinking oder Innovationsworkshops. Diese Kapitel widmet sich der Bedeutung von Kreativität und Innovation für die Eigenentwicklung und zeigt Wege auf, wie man diese Fähigkeiten gezielt weiterentwickeln kann.

8. Kapitel 7: Kontinuierliches Lernen und persönliche Weiterentwicklung

Kontinuierliches Lernen ist ein wesentlicher Bestandteil der persönlichen Weiterentwicklung. Es beinhaltet die bewusste Entscheidung, regelmäßig neue Fähigkeiten zu erlernen und vorhandene Kenntnisse zu vertiefen. Dies kann durch formelle Bildungsprogramme, Selbststudium, Workshops, Seminare oder den Austausch mit Experten erfolgen. Persönliche Weiterentwicklung bedeutet, sich kontinuierlich auf persönlicher und beruflicher Ebene zu verbessern, um mit den sich ständig verändernden Anforderungen Schritt zu halten und das eigene Potenzial optimal zu entfalten.

9. Kapitel 8: Mentoring und Coaching als Unterstützung

Mentoring und Coaching sind wichtige Werkzeuge zur Unterstützung der Eigenentwicklung. Ein Mentor, der bereits Erfahrungen auf dem gewählten Gebiet gesammelt hat, kann wertvolle Einblicke, Ratschläge und Anleitung bieten. Das Coaching hingegen konzentriert sich eher auf die individuellen Bedürfnisse und Ziele des Einzelnen. Professionelle Coaches können dabei helfen, Hindernisse zu identifizieren, persönliche Entwicklungsbereiche zu stärken und konkrete Ziele zu setzen. Beide Maßnahmen können sowohl im beruflichen als auch im persönlichen Kontext eingesetzt werden, um das eigene Potenzial maximal zu entfalten.

10. Kapitel 9: Resilienz und Umgang mit Rückschlägen

Resilienz ist die Fähigkeit, Rückschläge zu bewältigen und gestärkt daraus hervorzugehen. Dieses Kapitel betrachtet die Bedeutung von Resilienz für die Eigenentwicklung und bietet konkrete Strategien zum Umgang mit Rückschlägen. Es werden verschiedene Techniken und Methoden zur Stärkung der Resilienz vorgestellt, einschließlich der Förderung von Anpassungsfähigkeit, Problemlösungskompetenzen und emotionalem Management. Darüber hinaus wird auf die Rolle der positiven Psychologie bei der Entwicklung von Resilienz eingegangen und wie man durch die Bewältigung von Rückschlägen ein tieferes Verständnis seiner eigenen Stärken und Fähigkeiten erlangen kann.

11. Kapitel 10: Integration von Eigenentwicklung in den Alltag

Die Integration von Eigenentwicklung in den Alltag erfordert ein bewusstes Bemühen, um die erworbenen Fähigkeiten und Erkenntnisse in den täglichen Routinen zu implementieren. Dies kann durch die Festlegung konkreter Ziele und die Schaffung von Strukturen erreicht werden, die es ermöglichen, Zeit für persönliche Entwicklung zu reservieren. Darüber hinaus ist es wichtig, regelmäßig zu reflektieren, um den Fortschritt zu überwachen und bei Bedarf Anpassungen vorzunehmen. Die Integration kann auch die bewusste Anwendung von kommunikativen und konfliktlösenden Techniken im Arbeits- und sozialen Umfeld umfassen, um die erlernten Fähigkeiten auf praktische Weise anzuwenden und zu festigen.

12. Schlussbetrachtung und Ausblick

In der Schlussbetrachtung werden die wichtigsten Erkenntnisse und Kernpunkte der Eigenentwicklung noch einmal zusammengefasst. Es wird ein Fazit gezogen, welche Wege zur Entfaltung des eigenen Potenzials besonders effektiv sind und welche Aspekte besonders hervorgehoben werden sollten. Darüber hinaus erfolgt ein Ausblick auf mögliche weitere Schritte, die individuell unternommen werden können, um die persönliche Entwicklung weiter voranzutreiben. Es werden mögliche Herausforderungen und Chancen beleuchtet, die auf dem Weg der Eigenentwicklung auftreten können, und es wird aufgezeigt, wie diesen am besten begegnet werden kann, um langfristig das eigene Potenzial voll auszuschöpfen.

Methoden zur persönlichen Weiterentwicklung: Eine umfassende Analyse

1. Einleitung

In der Einleitung wird der Zweck und der Inhalt der Arbeit "Methoden zur persönlichen Weiterentwicklung: Eine umfassende Analyse" vorgestellt. Es wird erläutert, warum es wichtig ist, verschiedene Methoden zur persönlichen Weiterentwicklung zu verstehen und zu analysieren. Zudem wird ein Überblick über die Struktur und die Themenbereiche der Arbeit gegeben, um dem Leser einen klaren Rahmen für die folgende Analyse zu bieten.

2. Grundlagen der Selbstoptimierung

Die Grundlagen der Selbstoptimierung beziehen sich auf die verschiedenen Aspekte, die für die persönliche Weiterentwicklung relevant sind. Dies umfasst psychologische, körperliche, soziale und emotionale Faktoren, die in der Literatur als wichtige Grundlagen für Selbstoptimierung identifiziert wurden. Ihre Kenntnis ist entscheidend für die Auswahl wirksamer Methoden zur persönlichen Weiterentwicklung.

2.1. Definition und Konzepte

In diesem Abschnitt werden die verschiedenen Definitionen und Konzepte von Selbstoptimierung untersucht, um ein umfassendes Verständnis dieses Themas zu erhalten. Es wird auf die unterschiedlichen Ansätze und Perspektiven eingegangen, die in Bezug auf die persönliche Weiterentwicklung existieren, und wie diese Konzepte eine Rolle bei der praktischen Umsetzung spielen können.

2.2. Historische Entwicklung

Die historische Entwicklung der Selbstoptimierung zeigt, wie sich das Konzept im Laufe der Zeit verändert hat und welche Einflüsse und Entwicklungen dazu geführt haben, dass Selbstoptimierung heute eine prominente Rolle in verschiedenen Bereichen des Lebens spielt. Es werden auch wichtige Meilensteine und Schlüsselereignisse thematisiert, die die Entwicklung der Selbstoptimierung maßgeblich beeinflusst haben.

3. Psychologische Grundlagen der Selbstoptimierung

Die psychologischen Grundlagen der Selbstoptimierung umfassen verschiedene Aspekte, die das Verständnis des menschlichen Verhaltens und Denkens beeinflussen. Diese Grundlagen helfen dabei, die Motivation, Selbstwirksamkeit und Selbstreflexion zu verstehen und anzuwenden, um persönliche Weiterentwicklung zu fördern.

3.1. Motivation und Zielsetzung

Motivation und Zielsetzung spielen eine entscheidende Rolle bei der persönlichen Weiterentwicklung. Durch die Identifizierung von Motiven und das Setzen klarer Ziele können Menschen ihre Motivation steigern und auf dem Weg zur Selbstoptimierung gezielt voranschreiten.

3.2. Selbstwirksamkeit

Selbstwirksamkeit bezieht sich auf das Vertrauen einer Person in ihre Fähigkeit, bestimmte Aufgaben erfolgreich zu bewältigen. Dieses Konzept ist entscheidend für die persönliche Weiterentwicklung, da es Menschen dabei hilft, Herausforderungen zu meistern und ihre Ziele zu erreichen.

3.3. Selbstreflexion

Selbstreflexion beinhaltet das kritische Nachdenken über das eigene Verhalten, die eigenen Gedanken und Gefühle. Dieser Prozess ermöglicht es Menschen, sich selbst besser zu verstehen, persönliche Stärken und Schwächen zu identifizieren und so die Grundlage für persönliche Weiterentwicklung zu schaffen.

4. Methoden der Selbstoptimierung

In diesem Abschnitt werden verschiedene Methoden zur persönlichen Weiterentwicklung vorgestellt, die darauf abzielen, die eigene Leistungsfähigkeit und Zufriedenheit zu steigern. Dazu gehören mentales Training, Selbstmanagement-Techniken, kognitive Verhaltenstherapie sowie andere bewährte Ansätze zur Selbstoptimierung.

4.1. Mentales Training

Mentales Training ist eine bewährte Methode zur Steigerung der mentalen Leistungsfähigkeit. Es umfasst Techniken wie Visualisierung, positive Selbstgespräche und Konzentrationsübungen, um mentale Stärke und Selbstvertrauen aufzubauen. Sportler, Führungskräfte und andere Leistungsträger nutzen mentales Training, um ihre Leistung zu verbessern und Herausforderungen erfolgreich zu meistern.

4.2. Selbstmanagement-Techniken

Selbstmanagement-Techniken zielen darauf ab, die persönlichen Ressourcen effektiv zu nutzen, Zeit effizient einzuteilen und Stress zu reduzieren. Dazu gehören Zeitmanagement-Methoden, Priorisierungstechniken und Methoden zur Konfliktlösung. Selbstmanagement-Techniken sind ein wesentlicher Bestandteil der persönlichen Weiterentwicklung und helfen dabei, berufliche und persönliche Ziele erfolgreich zu erreichen.

4.3. Kognitive Verhaltenstherapie

Kognitive Verhaltenstherapie ist eine evidenzbasierte Methode, die darauf abzielt, ungesunde Denk- und Verhaltensmuster zu identifizieren und zu verändern. Sie wird häufig zur Behandlung von Angstzuständen, Depressionen und anderen psychischen Problemen eingesetzt. Durch kognitive Umstrukturierung und Verhaltensänderung können positive Veränderungen im Denken und Handeln erreicht werden, um die persönliche Weiterentwicklung zu fördern.

5. Körperliche Selbstoptimierung

Körperliche Selbstoptimierung bezieht sich auf die gezielte Verbesserung der körperlichen Gesundheit, Fitness und Wohlbefinden. Durch eine ausgewogene Ernährung, regelmäßige Bewegung und den gezielten Umgang mit Stress können Menschen ihre körperliche Verfassung positiv beeinflussen. Diese Maßnahmen können dazu beitragen, das Immunsystem zu stärken, das Risiko für bestimmte Krankheiten zu reduzieren und die allgemeine Lebensqualität zu verbessern.

5.1. Ernährung und Sport

Ernährung und Sport spielen eine entscheidende Rolle bei der körperlichen Selbstoptimierung. Eine ausgewogene Ernährung mit ausreichend Nährstoffen und einer angemessenen Kalorienzufuhr kann die körperliche Leistungsfähigkeit steigern und das Wohlbefinden fördern. Zudem kann regelmäßige körperliche Aktivität das Risiko für verschiedene Erkrankungen verringern, die Herz-Kreislauf-Gesundheit verbessern und das allgemeine Wohlbefinden steigern. Die Kombination von gesunder Ernährung und regelmäßiger Bewegung ist daher ein wichtiger Bestandteil der persönlichen Selbstoptimierung.

5.2. Schlaf und Regeneration

Schlaf und Regeneration sind essentiell für die körperliche und geistige Gesundheit. Während des Schlafs regeneriert sich der Körper, Zellen werden repariert und das Immunsystem gestärkt. Ein ausreichender und qualitativ hochwertiger Schlaf trägt maßgeblich zur Erholung bei und kann das Risiko für chronische Krankheiten verringern. Zudem wirkt sich ausreichender Schlaf positiv auf die kognitive Leistungsfähigkeit, die Stimmung und das allgemeine Wohlbefinden aus. Daher ist die gezielte Förderung von Schlaf und Regeneration ein wichtiger Bestandteil der körperlichen Selbstoptimierung.

6. Soziale und emotionale Selbstoptimierung

Soziale und emotionale Selbstoptimierung beinhaltet die Fähigkeit, gesunde und produktive Beziehungen zu pflegen, sowie die Entwicklung einer starken emotionalen Intelligenz. Diese Fähigkeiten ermöglichen es einer Person, positive soziale Beziehungen aufzubauen und emotionale Herausforderungen angemessen zu bewältigen, was zu einer insgesamt verbesserten Lebensqualität führt. Es beinhaltet auch die Entwicklung eines gesunden Selbstwertgefühls und das Wissen, wie man auf positive Weise mit anderen interagiert.

6.1. Kommunikation und Beziehungsgestaltung

Kommunikation und Beziehungsgestaltung sind zentrale Bestandteile sozialer und emotionaler Selbstoptimierung. Effektive Kommunikationsfähigkeiten sind entscheidend, um gesunde Beziehungen aufzubauen und zu pflegen. Dies beinhaltet sowohl verbale als auch nonverbale Kommunikationstechniken, um Missverständnisse zu vermeiden und sich klar auszudrücken. Darüber hinaus erfordert die Gestaltung gesunder Beziehungen die Fähigkeit, empathisch zu sein und die Bedürfnisse und Gefühle anderer angemessen zu berücksichtigen.

6.2. Empathie und Mitgefühl

Empathie und Mitgefühl spielen eine wichtige Rolle bei der sozialen und emotionalen Selbstoptimierung, da sie die Fähigkeit zur Verbindung mit anderen und zum Einfühlungsvermögen in ihre Situationen und Emotionen umfassen. Die Entwicklung von Empathie und Mitgefühl trägt dazu bei, gesunde und unterstützende Beziehungen aufzubauen und verbessert die allgemeine soziale Interaktion. Es ermöglicht auch eine tiefere zwischenmenschliche Verbindung und fördert eine Atmosphäre des Vertrauens und der Unterstützung in sozialen Netzwerken.

7. Technologische Unterstützung in der Selbstoptimierung

Die technologische Unterstützung in der Selbstoptimierung ist ein wichtiger Aspekt, der auf verschiedene Weise umgesetzt werden kann. Dies umfasst die Verwendung von Apps und Wearables, die es ermöglichen, Verhaltensweisen zu verfolgen, zu analysieren und zu optimieren. Durch die Integration von künstlicher Intelligenz und maschinellem Lernen können personalisierte Empfehlungen und Unterstützung zur Erreichung von Zielen bereitgestellt werden. Darüber hinaus bieten Online-Plattformen und soziale Medien die Möglichkeit zum Austausch von Erfahrungen, Tipps und Ressourcen im Rahmen der Selbstoptimierung. Es ist jedoch wichtig, die Nutzung von Technologie kritisch zu hinterfragen und deren Auswirkungen auf die Privatsphäre, die psychische Gesundheit und die Abhängigkeit zu berücksichtigen.

8. Ethik und Grenzen der Selbstoptimierung

Ethik spielt eine wichtige Rolle bei der Selbstoptimierung, da es wichtig ist, den Prozess der persönlichen Weiterentwicklung auf ethisch vertretbare Weise zu betreiben. Es ist entscheidend, dass die angewendeten Methoden und Techniken ethischen Grundsätzen entsprechen und keine Schäden an anderen oder an sich selbst verursachen. Es ist wichtig, Grenzen zu beachten, um nicht in die Bereiche der Manipulation oder des Missbrauchs zu gelangen. Die Selbstoptimierung sollte darauf abzielen, das eigene Wohlbefinden zu verbessern, ohne andere zu schädigen oder unfaire Vorteile zu erlangen. Die Diskussion über die ethischen Aspekte der Selbstoptimierung ist entscheidend, um eine verantwortungsvolle und nachhaltige persönliche Entwicklung zu gewährleisten.

9. Zukunftsperspektiven und Trends in der persönlichen Weiterentwicklung

Die Zukunft der persönlichen Weiterentwicklung verspricht eine verstärkte Integration von Technologie, wie zum Beispiel die Verwendung von virtueller Realität für mentales Training. Auch der Bereich der körperlichen Selbstoptimierung wird von fortschrittlichen Wearables profitieren, die Daten zur Ernährung, sportlichen Aktivitäten und Schlaf liefern. Ein weiterer Trend ist die verstärkte Berücksichtigung von sozialen und emotionalen Aspekten, was zu einer breiteren Palette von Methoden und Techniken führen wird. Empathie- und Mitgefühls-Training könnten verstärkt in den Fokus rücken, um die zwischenmenschlichen Beziehungen zu stärken. Nicht zuletzt wird die ethische Debatte im Bereich der Selbstoptimierung weiter an Bedeutung gewinnen, da sich neue Technologien und Methoden entwickeln.

Persönliches Wachstum: Auf dem Weg zu einer besseren Version von sich selbst

1. Einleitung

Willkommen zu 'Persönliches Wachstum: Auf dem Weg zu einer besseren Version von sich selbst'. In diesem Buch werden wir uns mit verschiedenen Aspekten des persönlichen Wachstums befassen, um Ihnen dabei zu helfen, Ihr volles Potenzial zu entfalten und eine erfülltere und erfolgreichere Zukunft zu gestalten. Von psychologischen Aspekten über physisches Wohlbefinden bis hin zu beruflicher Entwicklung und Spiritualität werden wir eine Vielzahl von Themen behandeln, die zu einem umfassenden persönlichen Wachstum beitragen können.

1.1. Bedeutung und Relevanz persönlichen Wachstums

Die Bedeutung und Relevanz persönlichen Wachstums liegt in der ständigen Verbesserung und Entwicklung der eigenen Fähigkeiten, Eigenschaften und inneren Einstellungen. Durch persönliches Wachstum können wir ein tieferes Verständnis von uns selbst erlangen, unsere Ziele klarer definieren und effektiver verfolgen, sowie unsere Lebensqualität insgesamt steigern. Es trägt dazu bei, uns persönlich zu stärken, unsere Beziehungen zu verbessern und berufliches Wachstum zu fördern, indem es uns hilft, Ängste zu überwinden, uns weiterzuentwickeln und unseren Platz in der Welt zu finden.

2. Grundlagen des persönlichen Wachstums

Die Grundlagen des persönlichen Wachstums liegen in der bewussten Auseinandersetzung mit sich selbst und der kontinuierlichen Weiterentwicklung. Es bedeutet, sich aktiv mit den eigenen Stärken und Schwächen zu beschäftigen, um ein tieferes Verständnis für sich selbst zu erlangen und somit persönliche Wachstumsprozesse zu ermöglichen. Es ist auch wichtig, offen für Veränderungen zu sein und sich neuen Herausforderungen zu stellen, um über sich hinauszuwachsen und seine Potenziale zu entfalten.

2.1. Selbstreflexion

Selbstreflexion ist ein wesentlicher Bestandteil des persönlichen Wachstums. Sie beinhaltet die Fähigkeit, sein eigenes Verhalten, seine Gedanken und Emotionen kritisch zu betrachten und zu hinterfragen. Durch Selbstreflexion kann man Selbstwahrnehmung und Selbstbewusstsein stärken, eigene Denkmuster erkennen und gegebenenfalls verändern. Es ist ein wichtiger Schritt, um persönliche Ziele zu definieren und den Weg zu einer besseren Version von sich selbst zu ebnen.

2.2. Ziele setzen und erreichen

Das Setzen und Erreichen von Zielen ist entscheidend für das persönliche Wachstum. Indem man klare und realistische Ziele definiert, kann man seine Motivation und Disziplin stärken, um seine Entwicklung voranzutreiben. Es ist wichtig, sich bewusst Ziele zu setzen, die messbar und zeitgebunden sind, um Fortschritte zu verfolgen und den Erfolg zu erleben. Durch das Erreichen von Zielen wird das Selbstvertrauen gestärkt und ein Gefühl von persönlicher Erfüllung und Wachstum erzeugt.

3. Psychologische Aspekte des persönlichen Wachstums

Die psychologischen Aspekte des persönlichen Wachstums spielen eine entscheidende Rolle bei der Entwicklung einer besseren Version von sich selbst. Es ist wichtig, sich der eigenen Selbstwahrnehmung und dem Selbstbewusstsein bewusst zu werden, um negative Denkmuster zu erkennen und zu überwinden. Darüber hinaus ist die emotionale Intelligenz von großer Bedeutung, da sie die Fähigkeit umfasst, Emotionen zu erkennen, zu verstehen und angemessen darauf zu reagieren.

3.1. Selbstwahrnehmung und Selbstbewusstsein

Selbstwahrnehmung und Selbstbewusstsein sind wesentliche Bestandteile des persönlichen Wachstums. Durch Selbstreflexion und die bewusste Auseinandersetzung mit den eigenen Stärken, Schwächen und Überzeugungen ist es möglich, das Selbstbewusstsein zu stärken und ein klareres Bild von sich selbst zu entwickeln. Eine gesunde Selbstwahrnehmung ermöglicht es, authentisch zu handeln und sich selbst treu zu bleiben.

3.2. Emotionale Intelligenz

Emotionale Intelligenz bezieht sich auf die Fähigkeit, Emotionen bei sich selbst und anderen zu erkennen, zu verstehen und konstruktiv damit umzugehen. Dies umfasst die Regulation eigener Emotionen sowie die erfolgreiche Interaktion mit anderen Menschen in emotionalen Situationen. Die Entwicklung emotionaler Intelligenz trägt maßgeblich dazu bei, persönliche Beziehungen zu stärken und Konflikte konstruktiv zu lösen.

4. Physisches Wachstum und Wohlbefinden

Ein gesundes physisches Wachstum und Wohlbefinden sind wesentliche Bestandteile des persönlichen Wachstums. Sich um die eigene körperliche Gesundheit zu kümmern, kann dazu beitragen, sich insgesamt besser zu fühlen und die mentale Leistungsfähigkeit zu steigern. Daher ist es wichtig, auf eine ausgewogene Ernährung sowie regelmäßige Bewegung zu achten, um sowohl körperlich als auch geistig in Bestform zu sein.

4.1. Gesunde Ernährung

Gesunde Ernährung spielt eine entscheidende Rolle für das physische Wohlbefinden. Eine ausgewogene Ernährung, die reich an Nährstoffen ist, kann das Immunsystem stärken, die Energie steigern und das Risiko für verschiedene Krankheiten verringern. Es ist wichtig, sich bewusst zu machen, was man isst, und darauf zu achten, genügend Obst, Gemüse, Vollkornprodukte, gesunde Fette und Proteine zu konsumieren, um den Körper optimal zu versorgen.

4.2. Regelmäßige Bewegung

Regelmäßige körperliche Bewegung ist ein weiterer wichtiger Aspekt des persönlichen Wachstums. Neben den offensichtlichen Vorteilen für die körperliche Gesundheit kann Bewegung auch das Stressempfinden reduzieren, die Stimmung verbessern und zu einem besseren Schlaf beitragen. Es ist ratsam, mindestens 150 Minuten moderate körperliche Aktivität pro Woche zu absolvieren und zusätzlich Kraftübungen für alle großen Muskelgruppen zu integrieren, um die allgemeine körperliche Funktion zu unterstützen.

5. Soziale Kompetenzen und Beziehungen

Soziale Kompetenzen und Beziehungen spielen eine entscheidende Rolle im persönlichen Wachstumsprozess. Es ist wichtig, die Fähigkeit zu entwickeln, effektiv mit anderen zu interagieren, Beziehungen aufzubauen und zu pflegen. Dies beinhaltet das Verständnis von sozialen Normen und die Fähigkeit, angemessen auf verschiedene soziale Situationen zu reagieren. Darüber hinaus geht es auch darum, Empathie zu entwickeln und sich in andere hineinversetzen zu können, um eine tiefere Verbindung zu schaffen und die zwischenmenschliche Kommunikation zu verbessern.

5.1. Kommunikation und Empathie

Die Fähigkeit zur effektiven Kommunikation und zur Empathie ist entscheidend für den Aufbau gesunder Beziehungen und persönliches Wachstum. Durch eine klare und respektvolle Kommunikation können Missverständnisse vermieden und Konflikte gelöst werden. Empathie ermöglicht es, die Perspektive anderer zu verstehen und einfühlsam auf ihre Bedürfnisse und Gefühle zu reagieren. Dies trägt dazu bei, gegenseitiges Verständnis und Unterstützung in zwischenmenschlichen Beziehungen zu fördern.

5.2. Konfliktlösung

Konflikte sind in zwischenmenschlichen Beziehungen unvermeidlich, daher ist die Fähigkeit zur Konfliktlösung entscheidend für persönliches Wachstum. Es geht darum, die Fähigkeit zu entwickeln, konstruktiv mit Konflikten umzugehen, Kompromisse zu finden und gemeinsame Lösungen zu erarbeiten. Durch die Anwendung effektiver Konfliktlösungsstrategien können Beziehungen gestärkt, Missverständnisse ausgeräumt und ein konstruktiver Umgang mit Differenzen erreicht werden, was letztendlich das persönliche Wachstum fördert.

6. Berufliche Entwicklung und Erfolg

Die berufliche Entwicklung und der Erfolg spielen eine wichtige Rolle im persönlichen Wachstum. Es ist wichtig, sich Ziele zu setzen und einen klaren Plan für die Karriereentwicklung zu erstellen. Dies kann beinhalten, sich regelmäßig mit Vorgesetzten zu besprechen, um Feedback zu erhalten und realistische Ziele zu setzen. Darüber hinaus ist es wichtig, sich über berufliche Entwicklungen in der eigenen Branche auf dem Laufenden zu halten und sich gegebenenfalls weiterzubilden, um wettbewerbsfähig zu bleiben.

6.1. Karriereplanung

Die Karriereplanung ist ein wesentlicher Bestandteil der beruflichen Entwicklung. Dies beinhaltet die Identifizierung von kurz- und langfristigen Karrierezielen sowie die Evaluierung der erforderlichen Fähigkeiten und Qualifikationen, um diese Ziele zu erreichen. Es ist wichtig, regelmäßig den eigenen Karriereplan zu überprüfen und gegebenenfalls anzupassen, um sicherzustellen, dass er mit den aktuellen beruflichen Entwicklungen und persönlichen Zielen übereinstimmt.

6.2. Weiterbildung und lebenslanges Lernen

Weiterbildung und lebenslanges Lernen sind entscheidend, um beruflichen Erfolg zu erreichen und persönliches Wachstum zu fördern. Dies kann durch die Teilnahme an Kursen, Workshops und Trainingsprogrammen erfolgen, die speziell auf die beruflichen Ziele und Interessen zugeschnitten sind. Zudem kann das Lesen von Fachliteratur und der Austausch mit Fachkollegen dabei helfen, das eigene Wissen zu erweitern und auf dem neuesten Stand zu bleiben, um den Anforderungen des Arbeitsmarktes gerecht zu werden.

7. Spiritualität und Sinnfindung

Spiritualität und Sinnfindung spielen eine wichtige Rolle im persönlichen Wachstumsprozess. Die Suche nach einem tieferen Zweck und einer höheren Bedeutung im Leben kann dazu beitragen, innere Ruhe und Zufriedenheit zu finden. Durch die Entwicklung einer spirituellen Praxis können Menschen lernen, mit Herausforderungen umzugehen und positive Veränderungen in ihrem Leben zu bewirken.

7.1. Meditation und Achtsamkeit

Meditation und Achtsamkeit sind Techniken, die dazu beitragen können, das Bewusstsein zu schärfen und den Geist zu beruhigen. Durch regelmäßige Meditationspraxis kann Stress reduziert, die Konzentration verbessert und das emotionale Wohlbefinden gesteigert werden. Achtsamkeit ermöglicht es, im gegenwärtigen Moment präsent zu sein und eine tiefere Verbindung zu sich selbst und anderen herzustellen.

7.2. Werte und Glaubenssysteme

Die Auseinandersetzung mit persönlichen Werten und Glaubenssystemen ist entscheidend für das persönliche Wachstum. Indem Menschen sich ihrer grundlegenden Überzeugungen bewusst werden, können sie ihre Handlungen und Entscheidungen in Einklang mit ihren innersten Überzeugungen bringen. Die Reflexion über Werte und Glaubenssysteme kann dabei helfen, Klarheit über die eigenen Ziele und Prioritäten im Leben zu gewinnen.

8. Herausforderungen und Hindernisse auf dem Weg des persönlichen Wachstums

Es ist unvermeidlich, dass auf dem Weg des persönlichen Wachstums verschiedene Herausforderungen und Hindernisse auftreten. Diese können Selbstzweifel, Ängste, Prokrastination und Zeitmanagement-Probleme umfassen. Es ist wichtig, sich dieser Hindernisse bewusst zu werden und Strategien zu entwickeln, um sie zu überwinden, um weiterhin auf dem Weg zu persönlichem Wachstum voranzukommen.

8.1. Selbstzweifel und Ängste

Selbstzweifel und Ängste sind häufige Hindernisse auf dem Weg des persönlichen Wachstums. Sie können das Selbstvertrauen untergraben und die Motivation beeinträchtigen. Durch Selbstreflexion und die bewusste Auseinandersetzung mit den Ursachen von Selbstzweifeln und Ängsten ist es möglich, Wege zu finden, um sie zu überwinden und das persönliche Wachstum zu fördern. Unterstützung durch Mentoren, Freunde oder professionelle Beratung kann ebenfalls hilfreich sein, um diese Hindernisse zu überwinden.

8.2. Prokrastination und Zeitmanagement

Prokrastination, also das Aufschieben von Aufgaben, und Probleme im Zeitmanagement können das persönliche Wachstum erheblich behindern. Es ist wichtig, die Gründe für diese Verhaltensweisen zu verstehen und effektive Zeitmanagement-Techniken zu erlernen. Dies kann die Priorisierung von Aufgaben, die Schaffung von Zeitblöcken für bestimmte Aktivitäten und die Einführung von Routinen umfassen. Die Entwicklung von Selbstregulierung und Disziplin ist auch entscheidend, um Prokrastination zu überwinden und effektives Zeitmanagement zu erreichen.

9. Strategien zur Förderung des persönlichen Wachstums

Um persönliches Wachstum zu fördern, ist es wichtig, verschiedene Strategien anzuwenden. Dazu gehören die regelmäßige Selbstreflexion, das Setzen und Erreichen von Zielen, die Entwicklung sozialer Kompetenzen und die kontinuierliche berufliche Entwicklung. Indem man sich bewusst mit diesen Aspekten auseinandersetzt und gezielt daran arbeitet, kann man sein persönliches Wachstum aktiv vorantreiben und sich stetig verbessern.

9.1. Selbstmotivation und Disziplin

Selbstmotivation und Disziplin sind entscheidend für persönliches Wachstum. Um seine Ziele zu erreichen und sich kontinuierlich weiterzuentwickeln, ist es wichtig, sich selbst zu motivieren und eine gewisse Disziplin aufzubauen. Das bedeutet, sich auch in schwierigen Zeiten zu motivieren, sich selbst klare Regeln zu setzen und diese konsequent einzuhalten, um langfristige Erfolge beim persönlichen Wachstum zu erzielen.

9.2. Selbstfürsorge und Stressmanagement

Die Selbstfürsorge und das Stressmanagement spielen eine zentrale Rolle beim persönlichen Wachstum. Indem man auf seine körperliche und emotionale Gesundheit achtet, sich ausreichend Pausen gönnt und Stress bewusst reduziert, schafft man die optimalen Bedingungen, um sich persönlich weiterzuentwickeln. Selbstfürsorge ermöglicht es, die eigenen Ressourcen zu erhalten und zu stärken, während ein effektives Stressmanagement die Grundlage für ein konstruktives und fokussiertes Arbeiten bildet.

10. Schlussfolgerungen und Ausblick

Insgesamt ist persönliches Wachstum ein lebenslanger Prozess, der auf verschiedenen Ebenen stattfindet - physisch, emotional, mental und spirituell. Es erfordert Selbstreflexion, Zielsetzung, soziale Kompetenzen, berufliche Entwicklung und die Fähigkeit, mit Herausforderungen umzugehen. Indem wir uns bewusst mit unseren Werten, Überzeugungen und Zielen auseinandersetzen, können wir unser eigenes Wachstum vorantreiben. Die Fähigkeit zur Selbstmotivation und Selbstfürsorge sind entscheidend, um trotz Hindernissen und Ängsten voranzukommen. Der Ausblick auf das persönliche Wachstum liegt in der kontinuierlichen Entwicklung unserer Fähigkeiten, der Stärkung unserer Beziehungen und der Entdeckung eines tieferen Sinn für das Leben.

Die Reise der Selbstfindung: Den eigenen Weg im Leben entdecken und gehen

1. Einleitung zur Selbstfindung

Die Einleitung zur Selbstfindung dient dazu, dem Leser einen Überblick über das Thema zu bieten und das Interesse an der persönlichen Entwicklung zu wecken. Es werden grundlegende Konzepte und Aspekte der Selbstfindung eingeführt, um den Rahmen für weiterführende Diskussionen zu schaffen.

1.1. Bedeutung und Relevanz der Selbstfindung im modernen Leben

Die Bedeutung und Relevanz der Selbstfindung im modernen Leben ist enorm, da viele Menschen auf der Suche nach Sinn, Erfüllung und Zufriedenheit sind. In einer schnelllebigen und komplexen Welt gewinnt die Selbstreflexion und Selbstentwicklung an Bedeutung, um die eigene Identität zu klären und das Leben bewusst zu gestalten.

1.2. Historische Perspektiven zur Selbstfindung

Historische Perspektiven zur Selbstfindung ermöglichen es, die Entwicklung und Veränderung des Konzepts im Laufe der Zeit zu verstehen. Von antiken Philosophen bis hin zu modernen psychologischen Theorien gibt es vielfältige Einflüsse auf die Auffassung von Selbstfindung, die einen Einblick in die kulturellen und sozialen Hintergründe bieten.

2. Psychologische Grundlagen der Selbstfindung

Die psychologischen Grundlagen der Selbstfindung beinhalten verschiedene Aspekte, die für die persönliche Entwicklung und das Wohlbefinden von großer Bedeutung sind. Unter anderem spielt das Selbstkonzept eine entscheidende Rolle, da es die Art und Weise beeinflusst, wie wir uns selbst wahrnehmen und unsere Fähigkeiten, Eigenschaften und Merkmale bewerten. Zudem ist die Selbstakzeptanz von zentraler Bedeutung für das Selbstwertgefühl. Die Fähigkeit, sich selbst anzunehmen und zu schätzen, trägt maßgeblich dazu bei, wie wir uns in der Welt fühlen und wie wir mit Herausforderungen umgehen. Darüber hinaus ermöglicht die Selbstreflexion ein tieferes Verständnis des eigenen Selbst und fördert das Selbstbewusstsein, da es uns hilft, unsere inneren Motive, Werte und Ziele zu erkennen.

2.1. Selbstkonzept und Selbstwahrnehmung

Das Selbstkonzept bildet die Grundlage unserer Selbstwahrnehmung und prägt maßgeblich, wie wir uns selbst und unsere Umwelt erleben. Es umfasst die Art und Weise, wie wir uns selbst sehen und bewerten, basierend auf unseren Fähigkeiten,

Eigenschaften, Rollen und Beziehungen. Die Selbstwahrnehmung wiederum bezieht sich auf die Aufnahme und Verarbeitung von Informationen über unser eigenes Selbst. Sie umfasst sowohl bewusste als auch unbewusste Aspekte und ist eng mit dem Selbstkonzept verbunden, da sie die Grundlage für unser Verhalten und unsere Entscheidungen bildet.

2.2. Selbstakzeptanz und Selbstwertgefühl

Die Selbstakzeptanz spielt eine zentrale Rolle für das Selbstwertgefühl und das allgemeine Wohlbefinden. Sie ermöglicht es uns, uns selbst bedingungslos anzunehmen, mit unseren Stärken und Schwächen, Erfolgen und Misserfolgen. Ein gesundes Selbstwertgefühl entsteht aus dem Gefühl der Selbstakzeptanz und Selbstwertschätzung, das maßgeblich dazu beiträgt, wie wir uns in der Welt fühlen und wie wir mit Herausforderungen umgehen.

2.3. Selbstreflexion und Selbstbewusstsein

Die Fähigkeit zur Selbstreflexion ermöglicht es uns, über unsere Gedanken, Gefühle, Ziele und Handlungen nachzudenken und ein tieferes Verständnis für unser eigenes Selbst zu entwickeln. Durch Selbstreflexion können wir unsere inneren Motive, Werte und Überzeugungen erkennen und unser Selbstbewusstsein stärken. Es ermöglicht uns auch, bewusster zu handeln und in Einklang mit unseren wirklichen Bedürfnissen und Werten zu leben.

3. Selbstfindung im Kontext von Identität und Persönlichkeit

Die Selbstfindung im Kontext von Identität und Persönlichkeit bezieht sich auf den Prozess, in dem eine Person ihre wahrgenommene Identität und Persönlichkeitsmerkmale erkundet und versteht. Diese Erkundung ist entscheidend, um Klarheit über sich selbst zu gewinnen und den persönlichen Lebensweg bewusst zu gestalten. Sie ermöglicht es, die eigenen Stärken und Schwächen zu erkennen und daraus Selbstvertrauen und Selbstakzeptanz zu entwickeln.

3.1. Identitätsentwicklung im Lebensverlauf

Die Identitätsentwicklung im Lebensverlauf durchläuft verschiedene Phasen, beginnend in der Kindheit bis ins Erwachsenenalter. In jeder dieser Phasen werden neue Aspekte der Identität entdeckt, die durch soziale Interaktionen, persönliche Erfahrungen und emotionale Reifung geprägt sind. Die Herausforderung besteht darin, diese Aspekte zu integrieren und eine kohärente Identität zu entwickeln, die sich im Einklang mit persönlichen Werten und Überzeugungen befindet.

3.2. Persönlichkeitsmerkmale und Selbstfindung

Persönlichkeitsmerkmale spielen eine wichtige Rolle bei der Selbstfindung, da sie die Art und Weise beeinflussen, wie eine Person mit sich selbst und anderen interagiert. Die Untersuchung der eigenen Persönlichkeitsmerkmale, wie beispielsweise Introversion, Extraversion, Gewissenhaftigkeit oder Offenheit, kann dazu beitragen, Verhaltensmuster und Neigungen zu erkennen, die das Selbstverständnis und die persönliche Entwicklung formen.

4. Methoden und Techniken zur Selbstfindung

In diesem Abschnitt werden verschiedene Methoden und Techniken zur Selbstfindung vorgestellt, die auf die persönliche Entwicklung abzielen. Diese helfen dabei, die eigenen Stärken und Schwächen zu erkennen, um so den eigenen Weg im Leben bewusst gestalten zu können.

4.1. Meditation und Achtsamkeit

Meditation und Achtsamkeit sind bewährte Praktiken, um die Selbstfindung zu fördern. Durch regelmäßige Meditationsübungen wird die Fähigkeit zur Selbstreflexion gestärkt, während Achtsamkeit dabei hilft, bewusster im gegenwärtigen Moment zu leben und die eigene innere Welt besser wahrzunehmen.

4.2. Kreatives Schreiben und Tagebuchführung

Kreatives Schreiben und das Führen eines Tagebuchs bieten eine kreative und persönliche Möglichkeit, sich mit den eigenen Gedanken, Gefühlen und Erfahrungen auseinanderzusetzen. Dies kann dabei helfen, innere Konflikte zu erkennen und Lösungsansätze zu entwickeln.

4.3. Selbstexploration durch Kunst und Musik

Kunst und Musik sind kraftvolle Ausdrucksformen, die für die Selbstfindung genutzt werden können. Sowohl das Erschaffen als auch das Konsumieren von Kunst und Musik können dabei helfen, verborgene Emotionen und Bedürfnisse zu entdecken und einen Zugang zur eigenen inneren Welt zu finden.

5. Herausforderungen und Hindernisse auf dem Weg der Selbstfindung

Der Weg der Selbstfindung ist oft von verschiedenen Herausforderungen und Hindernissen geprägt, die es zu überwinden gilt. Diese beinhalten unter anderem äußere Erwartungen und gesellschaftlichen Druck, die von Familie, Freunden oder der Gesellschaft im Allgemeinen aufgebürdet werden. Es ist wichtig, sich bewusst zu machen, dass die eigenen Bedürfnisse und Ziele im Mittelpunkt stehen sollten, und nicht die Erwartungen anderer. Diese können den Prozess der Selbstfindung erschweren und dazu führen, dass man an seinen authentischen Wünschen und Träumen zweifelt.

5.1. Äußere Erwartungen und gesellschaftlicher Druck

Externe Erwartungen und gesellschaftlicher Druck können einen erheblichen Einfluss auf den Prozess der Selbstfindung haben. Oftmals fühlen sich Menschen verpflichtet, den Erwartungen anderer gerecht zu werden, anstatt ihren eigenen Weg zu gehen. Dieser Druck kann zu inneren Konflikten und Selbstzweifeln führen. Die Auseinandersetzung mit äußeren Erwartungen erfordert Mut und die Fähigkeit, sich von gesellschaftlichen Normen zu lösen, um die eigene Identität und persönlichen Werte zu erkunden.

5.2. Innere Konflikte und Selbstzweifel

Innere Konflikte und Selbstzweifel sind häufige Hindernisse auf dem Weg der Selbstfindung. Sie können durch die Diskrepanz zwischen eigenen Wünschen und den Erwartungen anderer entstehen. Die Fähigkeit, diese Konflikte zu erkennen und zu bewältigen, ist entscheidend für den Prozess der Selbstfindung. Selbstreflexion und die Auseinandersetzung mit persönlichen Werten und Überzeugungen können dabei helfen, innere Konflikte zu lösen und Selbstzweifel zu überwinden.

5.3. Umgang mit Rückschlägen und Misserfolgen

Rückschläge und Misserfolge sind unvermeidliche Bestandteile des Lebens und können auch den Prozess der Selbstfindung beeinflussen. Der Umgang mit diesen Herausforderungen erfordert Resilienz und die Fähigkeit, aus Niederlagen zu lernen. Es ist wichtig, Misserfolge als Teil des Lernprozesses zu akzeptieren und sich davon nicht entmutigen zu lassen. Der konstruktive Umgang mit Rückschlägen kann ein wichtiger Schritt auf dem Weg zur Selbstfindung sein.

6. Selbstfindung in verschiedenen Lebensphasen

Im Laufe des Lebens durchlaufen Menschen verschiedene Entwicklungsphasen, die jeweils unterschiedliche Herausforderungen und Chancen für die Selbstfindung mit sich bringen. Während der Jugend stehen die Auseinandersetzung mit der eigenen Identität und die Suche nach einem Platz in der Gesellschaft im Vordergrund. In der Mitte des Lebens treten Fragen nach der beruflichen und persönlichen Erfüllung stärker in den Fokus, während ältere Erwachsene den Prozess der Selbstreflexion intensivieren und sich verstärkt mit der eigenen Lebensbilanz auseinandersetzen.

6.1. Jugendliche und die Suche nach Identität

Die Jugend ist eine Zeit der Selbstentdeckung und Identitätssuche. Jugendliche experimentieren mit verschiedenen Rollen, Werten und sozialen Gruppen, um ihre individuelle Identität zu entwickeln. Sie stellen sich Fragen nach ihrer Zukunft, ihren Zielen und träumen von der Verwirklichung ihrer persönlichen Vorstellungen. Die Suche nach Identität in der Jugendphase ist geprägt von Unsicherheit, aber auch von Neugier und Entdeckungsfreude.

6.2. Erwachsene in der Mitte des Lebens

Erwachsene in der Mitte des Lebens stehen vor der Herausforderung, Beruf und Familie in Einklang zu bringen und persönliche Ziele zu verwirklichen. Die Suche nach beruflicher Erfüllung und Sinnhaftigkeit nimmt einen wichtigen Platz ein, während auch Fragen nach der eigenen Lebensbalance und der persönlichen Weiterentwicklung an Bedeutung gewinnen. Diese Phase ist geprägt von Veränderungen und dem Streben nach Selbstverwirklichung.

6.3. Ältere Erwachsene und der Prozess der Selbstreflexion

In späteren Lebensphasen treten ältere Erwachsene vermehrt in den Prozess der Selbstreflexion ein. Sie schauen zurück auf ihr Leben, reflektieren ihre Entscheidungen und Lebenswege und setzen sich mit ihrem bisherigen Selbst auseinander. Die Auseinandersetzung mit Vergangenem sowie die Suche nach Erfüllung und Sinn in dieser Phase des Lebens stehen im Mittelpunkt. Ältere Erwachsene nehmen sich Zeit für Rückblick, Reflexion und die Entfaltung neuer Perspektiven.

7. Spiritualität und Selbstfindung

Spiritualität spielt eine wichtige Rolle bei der Selbstfindung, da sie Menschen helfen kann, einen tieferen Sinn im Leben zu finden und sich mit etwas Höherem zu verbinden. Durch spirituelle Praktiken können Individuen ihr inneres Gleichgewicht finden und sich mit ihrer wahren Natur verbinden, was zu einer umfassenden Selbstfindung führen kann. Spirituelle Erfahrungen und Praktiken können helfen, die Suche nach Identität und Sinn im Leben voranzutreiben und die persönliche Entwicklung zu fördern.

7.1. Religiöse Traditionen und spirituelle Praktiken

Religiöse Traditionen bieten einen Rahmen für spirituelle Praktiken, die bei der Selbstfindung helfen können. Die Rituale, Gebete und Meditationen, die in verschiedenen Religionen praktiziert werden, bieten Menschen Werkzeuge, um sich selbst besser zu verstehen und ihre Verbindung zur Welt zu stärken. Diese Praktiken können auch dazu beitragen, Frieden und Gelassenheit zu fördern, was für die Selbstfindung von entscheidender Bedeutung ist.

7.2. Transzendente Erfahrungen und Selbsttransformation

Transzendente Erfahrungen können das Bewusstsein erweitern und zu tiefgreifenden Veränderungen in der Persönlichkeit führen. Diese Erfahrungen können das Gefühl der Verbundenheit mit der Welt und anderen Menschen vertiefen, was zu einem gesteigerten Verständnis des eigenen Selbst führen kann. Durch transzendente Erfahrungen kann Selbsttransformation stattfinden, indem alte Denkmuster und

Überzeugungen überwunden werden, was wiederum den Weg zu einer umfassenderen Selbstfindung ebnet.

8. Selbstfindung in der modernen Gesellschaft

Die Selbstfindung in der modernen Gesellschaft steht vor neuen Herausforderungen und Chancen durch die stetige Digitalisierung. Der ständige Zugang zu Informationen und die Vernetzung über soziale Medien bieten Möglichkeiten zur Selbstentwicklung, erfordern aber auch eine kritische Auseinandersetzung mit der eigenen digitalen Identität. Es ist wichtig, einen bewussten Umgang mit den digitalen Werkzeugen zu pflegen, um die Selbstfindung positiv zu beeinflussen.

8.1. Digitalisierung und Selbstentwicklung

Die Digitalisierung hat direkte Auswirkungen auf die Selbstentwicklung, da digitale Tools und Plattformen es ermöglichen, sich neues Wissen anzueignen, in Kontakt mit Gleichgesinnten zu treten und die persönliche Entwicklung zu unterstützen. Gleichzeitig birgt die ständige Verfügbarkeit von Informationen auch die Gefahr einer Reizüberflutung, die die Fokussierung auf die eigenen Bedürfnisse und Ziele erschweren kann. Es gilt, die Chancen der Digitalisierung zu nutzen und gleichzeitig achtsam mit den eigenen digitalen Konsumgewohnheiten umzugehen.

8.2. Arbeitswelt und Berufung

In der modernen Arbeitswelt spielt die Suche nach der eigenen Berufung eine wichtige Rolle für die Selbstfindung. Die zunehmende Flexibilisierung und Diversifizierung der Arbeitsmöglichkeiten eröffnet die Chance, berufliche Tätigkeiten zu finden, die mit den persönlichen Werten und Interessen in Einklang stehen. Gleichzeitig kann der Druck, in einem sich ständig wandelnden Arbeitsumfeld erfolgreich zu sein, die Suche nach der wahren Berufung erschweren. Es ist entscheidend, den eigenen Weg in der Arbeitswelt bewusst zu gestalten, um die Selbstfindung zu fördern.

8.3. Nachhaltigkeit und persönliche Werte

Die Auseinandersetzung mit Nachhaltigkeit und persönlichen Werten ist ein wichtiger Aspekt der Selbstfindung in der modernen Gesellschaft. Die Frage nach dem eigenen Beitrag zur Umwelt und Gesellschaft kann dazu führen, dass individuelle Werte und Lebensziele neu überdacht werden. Die Integration von nachhaltigen Prinzipien in den Lebensstil kann dabei helfen, eine tiefere Verbindung zu den eigenen Werten herzustellen und die Selbstfindung auf eine sinnstiftende Ebene zu bringen.

9. Zusammenfassung und Ausblick

Die Reise der Selbstfindung ist ein lebenslanger Prozess, der uns dazu befähigt, unsere wahre Identität zu entdecken und unseren eigenen Weg im Leben zu gehen. In der

Zusammenfassung reflektieren wir die wichtigsten Erkenntnisse aus diesem Buch und betonen die Bedeutung der kontinuierlichen Selbstreflexion für unsere persönliche Entwicklung. Zudem werfen wir einen Blick auf zukünftige Entwicklungen im Bereich der Selbstfindung und die möglichen Einflüsse der modernen Gesellschaft und Technologie auf diesen Prozess.

9.1. Wichtige Erkenntnisse zur Selbstfindung

Während der Reise der Selbstfindung haben wir wichtige Erkenntnisse gewonnen, darunter die Tatsache, dass Selbstakzeptanz und Selbstreflexion grundlegende Bestandteile dieses Prozesses sind. Darüber hinaus haben wir gelernt, dass die Suche nach Identität in verschiedenen Lebensphasen unterschiedliche Herausforderungen mit sich bringt. Die Auseinandersetzung mit äußeren Erwartungen und inneren Konflikten sowie der Umgang mit Rückschlägen spielen dabei eine entscheidende Rolle.

9.2. Wege zur kontinuierlichen Selbstreflexion

Um kontinuierliche Selbstreflexion zu erreichen, können Methoden wie Meditation, kreatives Schreiben, Kunst und Musik von großer Hilfe sein. Diese Techniken ermöglichen es uns, unsere Gedanken und Emotionen zu erforschen und so ein tieferes Verständnis für uns selbst zu entwickeln. Zudem ist es wichtig, sich bewusst Zeit für die Selbstreflexion zu nehmen und regelmäßig innezuhalten, um den eigenen Weg im Leben bewusst zu gestalten.

9.3. Ausblick auf zukünftige Entwicklungen im Bereich der Selbstfindung

In Anbetracht der stetig fortschreitenden Digitalisierung und den Veränderungen in der modernen Gesellschaft ist es wahrscheinlich, dass zukünftige Entwicklungen im Bereich der Selbstfindung verstärkt durch Technologie geprägt werden. Zudem wird die Auseinandersetzung mit Themen wie Nachhaltigkeit und persönlichen Werten voraussichtlich an Bedeutung gewinnen und neue Impulse für die Selbstfindung setzen.

Die Entwicklung von Selbstvertrauen und Selbstentwicklung

1. Einleitung

Die Einleitung bietet einen Überblick über die zentralen Themen des Werkes, das darauf abzielt, das Selbstvertrauen und die Selbstentwicklung zu stärken. Es wird die Bedeutung von Selbstvertrauen und Selbstentwicklung eingeführt und die Relevanz dieser Themen für persönliches Wachstum und beruflichen Erfolg hervorgehoben.

1.1. Bedeutung von Selbstvertrauen und Selbstentwicklung

Die Bedeutung von Selbstvertrauen und Selbstentwicklung wird in diesem Abschnitt näher betrachtet. Es wird erläutert, wie ein starkes Selbstvertrauen und die Fähigkeit zur Selbstentwicklung das Wohlbefinden und die Lebensqualität positiv beeinflussen. Zudem werden die Auswirkungen von mangelndem Selbstvertrauen und fehlender Selbstentwicklung auf das individuelle Leben und die sozialen Beziehungen beleuchtet.

2. Psychologische Grundlagen von Selbstbewusstsein

Das Selbstbewusstsein ist eng mit dem Selbstkonzept und dem Selbstwertgefühl verbunden, die als psychologische Grundlage dafür gelten. Das Selbstkonzept umfasst die Überzeugungen und Wahrnehmungen, die eine Person von sich selbst hat, während das Selbstwertgefühl die Bewertung und das Gefühl des eigenen Wertes darstellt. Eine positive Entwicklung des Selbstbewusstseins hängt daher stark von einem gesunden Selbstkonzept und einem angemessenen Selbstwertgefühl ab, die durch persönliche Erfahrungen, soziale Interaktionen und das Umfeld geprägt werden.

2.1. Selbstkonzept und Selbstwertgefühl

Das Selbstkonzept bezieht sich auf die Wahrnehmungen, Überzeugungen und Einstellungen einer Person zu sich selbst, die ihr Verhalten, ihre Entscheidungen und Reaktionen beeinflussen. Es umfasst sowohl die kognitiven (wie ich mich sehe) als auch die affektiven (wie ich mich fühle) Aspekte. Das Selbstwertgefühl ist die subjektive Bewertung des eigenen Wertes und der Selbstwirksamkeit und wirkt sich stark auf das Selbstvertrauen aus. Ein gesundes Selbstwertgefühl ermöglicht es einer Person, mit Herausforderungen und Rückschlägen konstruktiv umzugehen, während ein niedriges Selbstwertgefühl das Selbstbewusstsein beeinträchtigen kann.

3. Faktoren, die Selbstvertrauen beeinflussen

Das Selbstvertrauen kann durch verschiedene Faktoren beeinflusst werden, darunter soziale Einflüsse und persönliche Erfahrungen. Es ist wichtig, diese Faktoren zu identifizieren und zu verstehen, wie sie das Selbstvertrauen beeinflussen, um effektive Strategien zur Stärkung des Selbstvertrauens entwickeln zu können.

3.1. Soziale Einflüsse

Soziale Einflüsse spielen eine entscheidende Rolle bei der Entwicklung des Selbstvertrauens. Positive Unterstützung und Ermutigung von Familie und Freunden können das Selbstvertrauen stärken, während negative Kommentare und Kritik das Selbstvertrauen beeinträchtigen können. Auch die Reaktionen und Einstellungen der Gesellschaft insgesamt können einen Einfluss auf das Selbstvertrauen haben.

3.2. Persönliche Erfahrungen und Erziehung

Persönliche Erfahrungen und Erziehungsmethoden spielen ebenfalls eine wichtige Rolle bei der Entwicklung des Selbstvertrauens. Frühere Erfahrungen von Erfolg oder Misserfolg können das Selbstvertrauen prägen und bestimmte Erziehungsmethoden können sowohl positiv als auch negativ auf das Selbstvertrauen wirken. Es ist daher entscheidend, die eigenen Erfahrungen und die Erziehung, die man erhalten hat, zu reflektieren.

4. Strategien zur Stärkung des Selbstvertrauens

Es gibt verschiedene Strategien, um das Selbstvertrauen zu stärken. Dazu gehören die positive Selbstgespräche, Selbstakzeptanz, Selbstfürsorge, die Überwindung von Ängsten und die Anerkennung der eigenen Stärken. Diese Strategien helfen dabei, das Vertrauen in die eigenen Fähigkeiten zu steigern und ein gesundes Selbstbild zu entwickeln.

4.1. Positive Selbstgespräche

Positive Selbstgespräche sind eine effektive Methode, um das Selbstvertrauen zu stärken. Indem man sich selbst Mut macht, positive Affirmationen wiederholt und sich selbst ermutigt, können negative Gedanken und Selbstzweifel überwunden werden. Es ist wichtig, sich bewusst zu machen, welche Gedanken man zulässt und diese gegebenenfalls zu korrigieren, um eine positive innere Einstellung zu fördern.

4.2. Selbstakzeptanz und Selbstfürsorge

Selbstakzeptanz und Selbstfürsorge spielen eine entscheidende Rolle bei der Stärkung des Selbstvertrauens. Sich selbst anzunehmen, mit allen Stärken und Schwächen, und sich selbst liebevoll zu behandeln, fördert ein gesundes Selbstwertgefühl. Die regelmäßige Pflege von Körper, Geist und Seele sowie das Setzen von persönlichen Grenzen tragen dazu bei, sich selbst wertzuschätzen und das Selbstvertrauen zu steigern.

5. Selbstentwicklung durch Selbstreflexion

Selbstreflexion ist ein wichtiger Bestandteil der Selbstentwicklung, da sie es ermöglicht, sich bewusst mit eigenen Gefühlen, Gedanken und Handlungen auseinanderzusetzen. Durch regelmäßige Selbstreflexion kann man seine Stärken und Schwächen erkennen, persönliche Wachstumsbereiche identifizieren und bewusste Veränderungen anstreben. Dieser Prozess kann dazu beitragen, die eigene Persönlichkeit weiterzuentwickeln und das Selbstvertrauen zu stärken, indem man sich selbst besser versteht und an sich arbeitet.

5.1. Ziele setzen und verfolgen

Das Setzen und Verfolgen von Zielen ist ein wesentlicher Bestandteil der Selbstentwicklung. Indem man konkrete und realistische Ziele formuliert, kann man seine Motivation steigern und einen klaren Fokus für seine Bemühungen schaffen. Durch das Erreichen von Zielen gewinnt man an Selbstvertrauen, da man seine Fähigkeiten und sein Durchhaltevermögen unter Beweis stellt. Es ist wichtig, sich regelmäßig Zeit zu nehmen, um die Fortschritte zu überprüfen und gegebenenfalls Anpassungen vorzunehmen, um die gewünschten Ergebnisse zu erzielen.

6. Selbstvertrauen im beruflichen Kontext

Selbstvertrauen im beruflichen Kontext ist von entscheidender Bedeutung für den Erfolg am Arbeitsplatz. Mitarbeiter mit einem gesunden Selbstvertrauen können sich besser präsentieren, Herausforderungen meistern und konstruktiv mit Kollegen und Vorgesetzten interagieren. Selbstvertrauen am Arbeitsplatz kann durch Erfolgserlebnisse, konstruktives Feedback und die Übernahme von Verantwortung gestärkt werden. Außerdem kann gezielte Weiterbildung und berufliche Entwicklung dazu beitragen, das Selbstvertrauen zu stärken und die persönliche Wirkung am Arbeitsplatz zu verbessern.

6.1. Selbstpräsentation und Selbstmarketing

Selbstpräsentation und Selbstmarketing sind wichtige Aspekte, um Selbstvertrauen im beruflichen Kontext zu stärken. Die Fähigkeit, sich selbst wirkungsvoll zu präsentieren, kann dazu beitragen, berufliche Chancen zu nutzen und erfolgreich zu sein. Dies beinhaltet eine klare und überzeugende Kommunikation der eigenen Stärken und Leistungen, eine positive Körperhaltung und ein selbstbewusstes Auftreten. Darüber hinaus kann gezieltes Selbstmarketing durch Networking, das Teilen von Erfolgen und die aktive Beteiligung an Projekten dazu beitragen, das Selbstvertrauen zu stärken und berufliche Möglichkeiten zu maximieren.

7. Selbstvertrauen in zwischenmenschlichen Beziehungen

Selbstvertrauen in zwischenmenschlichen Beziehungen ist entscheidend für erfolgreiche Interaktionen. Es beinhaltet das Vertrauen in die eigene Fähigkeit, mit anderen in verschiedenen Situationen umzugehen und positive Beziehungen aufzubauen. Dazu gehören auch Empathie, Einfühlungsvermögen und die Fähigkeit, Grenzen zu setzen. Ein gesundes Selbstwertgefühl ist die Grundlage, um sich in Beziehungen wohl zu fühlen und authentisch zu agieren.

7.1. Kommunikation und Konfliktlösung

Kommunikation und Konfliktlösung sind essentielle Fähigkeiten, um Selbstvertrauen in zwischenmenschlichen Beziehungen zu stärken. Eine offene, ehrliche und respektvolle

Kommunikation ist der Schlüssel für erfolgreiche Beziehungen. Konflikte sind normal und unvermeidlich, daher ist es wichtig, konstruktive Wege zu finden, um sie zu lösen und daran zu wachsen. Selbstvertrauen unterstützt dabei, in schwierigen Gesprächen standhaft zu bleiben und Win-Win-Lösungen zu finden.

8. Selbstvertrauen und Resilienz

Selbstvertrauen und Resilienz gehen Hand in Hand, da Resilienz die Fähigkeit ist, mit Rückschlägen und Herausforderungen umzugehen, ohne dabei das Selbstvertrauen zu verlieren. Menschen mit hoher Resilienz sind in der Lage, sich von Misserfolgen zu erholen und gestärkt daraus hervorzugehen. Resilienz kann durch verschiedene Faktoren wie soziale Unterstützung, emotionale Intelligenz und Problemlösungsfähigkeiten gestärkt werden, was auch langfristig das Selbstvertrauen fördert.

8.1. Umgang mit Rückschlägen

Der Umgang mit Rückschlägen ist ein wichtiger Aspekt der persönlichen Entwicklung und des Selbstvertrauens. Es ist entscheidend, Rückschläge als Chancen zur Weiterentwicklung zu betrachten und aus ihnen zu lernen. Menschen, die mit Rückschlägen konstruktiv umgehen können, sind in der Regel widerstandsfähiger und haben ein stärkeres Selbstvertrauen. Strategien wie das Finden von Lösungen, das Analysieren der Situation und das Festhalten an positiven Aspekten können helfen, den Umgang mit Rückschlägen zu meistern und das Selbstvertrauen zu stärken.

9. Fazit und Ausblick

Insgesamt zeigt sich, dass Selbstvertrauen und Selbstentwicklung eng miteinander verbunden sind und sich gegenseitig beeinflussen. Durch die Stärkung des Selbstvertrauens kann die Selbstentwicklung gefördert werden, was wiederum zu einem gesteigerten Selbstvertrauen führt. Es ist wichtig, auf die verschiedenen Faktoren zu achten, die das Selbstvertrauen beeinflussen, und geeignete Strategien zur Stärkung zu nutzen. Sowohl im beruflichen Kontext als auch in zwischenmenschlichen Beziehungen spielt Selbstvertrauen eine entscheidende Rolle. Der Ausblick liegt somit auf der kontinuierlichen Entwicklung von Selbstvertrauen und Selbstentwicklung, um ein erfülltes und erfolgreiches Leben zu führen.

Die Bedeutung der persönlichen Entwicklung für das Leben: Eine umfassende Analyse des inneren Wachstums

1. Einleitung

Die persönliche Entwicklung spielt eine entscheidende Rolle im Leben eines jeden Menschen, da sie dazu beiträgt, dass wir uns ständig weiterentwickeln und wachsen können. Dieses Thema ist von entscheidender Bedeutung, da es Einfluss auf verschiedene Bereiche unseres Lebens hat, darunter berufliche Entwicklung, persönliche Beziehungen, Selbstbewusstsein und Selbstwertgefühl. In dieser umfassenden Analyse werden wir uns mit den theoretischen Grundlagen, Methoden zur Förderung der persönlichen Entwicklung, Herausforderungen und Hindernissen beim inneren Wachstum sowie den positiven Auswirkungen der persönlichen Entwicklung befassen.

1.1. Hintergrund und Relevanz der persönlichen Entwicklung

Der Hintergrund und die Relevanz der persönlichen Entwicklung liegen in der Tatsache, dass sich das Leben ständig verändert und wir unsere Fähigkeiten und Fertigkeiten anpassen müssen, um erfolgreich zu sein. Persönliche Entwicklung ermöglicht es uns, mit diesen Veränderungen umzugehen und unser volles Potenzial zu entfalten. Sie wirkt sich direkt auf unsere berufliche Entwicklung aus, da sie uns dabei hilft, uns neuen Anforderungen anzupassen und unsere Karriere voranzutreiben. Darüber hinaus beeinflusst sie auch unsere persönlichen Beziehungen und unser Selbstbewusstsein. Diese Hintergrundinformationen zeigen die Relevanz der persönlichen Entwicklung für ein erfülltes und erfolgreiches Leben.

2. Theoretische Grundlagen

In diesem Abschnitt werden die grundlegenden theoretischen Konzepte der persönlichen Entwicklung beleuchtet. Dabei werden verschiedene psychologische Perspektiven auf die persönliche Entwicklung betrachtet, um ein umfassendes Verständnis für das Phänomen des inneren Wachstums zu erlangen. Es werden bedeutende Theorien und Modelle aus der Psychologie vorgestellt, die die Entwicklung der Persönlichkeit und des Selbstkonzepts erklären und Einblicke in die Prozesse des inneren Wachstums bieten.

2.1. Psychologische Perspektiven auf persönliche Entwicklung

Dieser Abschnitt widmet sich spezifisch den psychologischen Perspektiven auf persönliche Entwicklung. Es werden verschiedene Ansätze und Theorien von bedeutenden Psychologen vorgestellt, die wichtige Aspekte der persönlichen Entwicklung beleuchten. Dabei wird auf die Rolle von Erfahrungen, Umweltfaktoren, kognitiven Prozessen und emotionalen Aspekten eingegangen, um ein tieferes Verständnis für die psychologischen Grundlagen der persönlichen Entwicklung zu schaffen.

3. Inneres Wachstum in verschiedenen Lebensbereichen

In verschiedenen Lebensbereichen kann inneres Wachstum unterschiedliche Auswirkungen haben. Es betrifft nicht nur die persönliche Entwicklung, sondern auch die berufliche und soziale Sphäre. Die Fähigkeit zur Selbstreflexion und persönlichen Entwicklung kann sich positiv auf die Lebensqualität, die Zufriedenheit und das allgemeine Wohlbefinden auswirken. Es ist wichtig, in jedem Bereich des Lebens nach individuellem Wachstum zu streben, um ein ausgewogenes und erfülltes Leben zu führen.

3.1. Berufliche Entwicklung

Die berufliche Entwicklung ist ein entscheidender Aspekt der persönlichen Entwicklung. Durch fortlaufende Weiterbildung, berufliche Neuausrichtung und die aktive Suche nach beruflichen Herausforderungen können Personen ihr inneres Wachstum fördern. Dies kann zu einem verbesserten Selbstvertrauen, einer klaren beruflichen Identität und einer insgesamt positiven Einstellung zur Arbeit führen. Berufliche Entwicklung sollte als integraler Bestandteil der persönlichen Entwicklung betrachtet werden, da sie einen erheblichen Einfluss auf das Leben einer Person hat.

3.2. Persönliche Beziehungen

Persönliche Beziehungen spielen eine bedeutende Rolle bei der persönlichen Entwicklung. Die Art und Qualität der Beziehungen, sei es zu Familie, Freunden oder Partnern, können das innere Wachstum einer Person maßgeblich beeinflussen. Die Fähigkeit, empathisch zu sein, Konflikte konstruktiv zu lösen und enge Bindungen aufzubauen, sind wichtige Faktoren für das Wachstum in persönlichen Beziehungen. Eine positive persönliche Entwicklung kann sich auch positiv auf diese Beziehungen auswirken und zu einem erfüllten und glücklichen sozialen Umfeld führen.

4. Methoden zur Förderung persönlicher Entwicklung

Es gibt verschiedene Methoden, um die persönliche Entwicklung zu fördern, darunter Selbstreflexion, Achtsamkeit, Coaching, Mentoring und Selbsthilfebücher. Diese Methoden bieten den Menschen die Möglichkeit, sich selbst besser zu verstehen, ihre Stärken und Schwächen zu erkennen und ihre Ziele zu definieren. Durch die Anwendung dieser Methoden können Menschen ihr inneres Wachstum fördern und positive Veränderungen in ihrem Leben herbeiführen.

4.1. Selbstreflexion und Achtsamkeit

Selbstreflexion und Achtsamkeit sind zwei wichtige Methoden zur Förderung der persönlichen Entwicklung. Selbstreflexion beinhaltet die bewusste Auseinandersetzung mit den eigenen Gedanken, Gefühlen, Einstellungen und Verhaltensweisen. Diese Methode ermöglicht es den Menschen, sich selbst besser kennenzulernen und sich weiterzuentwickeln. Achtsamkeit hingegen konzentriert sich auf das bewusste Wahrnehmen des aktuellen Momentes, ohne ihn zu bewerten oder zu verändern. Durch das Praktizieren von Achtsamkeit können Menschen lernen, im Hier und Jetzt zu leben und sich weniger von negativen Gedanken und Emotionen beeinflussen zu lassen.

5. Herausforderungen und Hindernisse auf dem Weg des inneren Wachstums

Auf dem Weg des inneren Wachstums können verschiedene Herausforderungen und Hindernisse auftreten, die es zu überwinden gilt. Diese können sich in verschiedenen Lebensbereichen manifestieren, sei es beruflich oder in persönlichen Beziehungen. Es ist wichtig, sich diesen Herausforderungen zu stellen und Wege zu finden, um damit umzugehen und daran zu wachsen.

5.1. Ängste und Selbstzweifel

Ängste und Selbstzweifel sind häufige Hindernisse auf dem Weg des inneren Wachstums. Sie können sich in Form von Unsicherheiten, negativen Gedankenmuster und einem Mangel an Selbstvertrauen zeigen. Es ist entscheidend, sich diesen Ängsten und Selbstzweifeln bewusst zu werden und Wege zu finden, um sie zu überwinden. Dies kann durch Selbstreflexion, Achtsamkeit und die Unterstützung von anderen Menschen geschehen.

6. Positive Auswirkungen von persönlicher Entwicklung

Die persönliche Entwicklung kann eine Vielzahl positiver Auswirkungen auf das Leben haben. Durch das Streben nach persönlichem Wachstum können Menschen ein gesteigertes Selbstbewusstsein und ein verbessertes Selbstwertgefühl entwickeln. Diese positiven Veränderungen können sich in verschiedenen Lebensbereichen manifestieren und zu einem insgesamt erfüllteren Leben führen.

6.1. Steigerung des Selbstbewusstseins und Selbstwertgefühls

Eine der bedeutendsten positiven Auswirkungen der persönlichen Entwicklung ist die Steigerung des Selbstbewusstseins und des Selbstwertgefühls. Menschen, die kontinuierlich an ihrer persönlichen Entwicklung arbeiten, können ein tieferes Verständnis für sich selbst entwickeln und dadurch ein gestärktes Selbstbewusstsein aufbauen. Dies kann dazu beitragen, dass sie sich ihrer eigenen Fähigkeiten und Stärken bewusster werden und ein insgesamt positiveres Selbstwertgefühl entwickeln.

7. Zukünftige Trends und Entwicklungen im Bereich der persönlichen Entwicklung

Der Bereich der persönlichen Entwicklung wird voraussichtlich weiterhin einen starken Fokus auf die Integration von Technologie und digitalen Tools haben, um das innere Wachstum zu fördern. Dies könnte die Entwicklung von personalisierten KI-gestützten Coaching-Plattformen oder virtuellen Realitätsprogrammen umfassen, um die Selbstreflexion und Achtsamkeit zu unterstützen. Darüber hinaus sind verstärkte Bemühungen zu erwarten, um persönliches Wachstum in Bildungsprogramme und Lehrpläne zu integrieren, um bereits in jungen Jahren die Bedeutung von innerer Entwicklung zu vermitteln. Die Akzeptanz und Integration von alternativen Ansätzen wie spirituellen Praktiken oder ganzheitlichen Heilmethoden wird voraussichtlich zunehmen, da sich ein wachsender Teil der Bevölkerung für alternative Formen der persönlichen Entwicklung interessiert.

www.ingramcontent.com/pod-product-compliance
Lightning Source LLC
Chambersburg PA
CBHW082237220526
45479CB00005B/1265